Lieblingsrezepte

aus Obst, Gemüse,
Kartoffeln und Vollkorn

Lieblings-Rezepte

aus Obst, Gemüse, Kartoffeln und Vollkorn

Idee und Gestaltung: Irmi Hofmann

Neue Presse Verlags-GmbH, Passau

ISBN 3-924484-62-7
1. Auflage 1993

Gesamtherstellung: Neue Presse Druckservice GmbH, Passau

Vorwort

Gesund und zeitgemäß genießen mit Obst, Gemüse, Kartoffeln, Vollkorn, das ist der Leitgedanke in diesem Buch. Essen soll gut schmecken, Spaß machen und gesund sein.

Obst und Gemüse sind reich an wertvollen Vitaminen und Mineralstoffen, aber arm an Kalorien. Sie sättigen durch ihren Ballaststoffgehalt und beugen dem Übergewicht vor.

Einst half die Kartoffel, Hungersnöte zu lindern, heute schätzen wir den ernährungsphysiologischen Wert der „tollen Knolle". Kaum ein anderes Nahrungsmittel läßt sich so vielseitig und abwechslungsreich zubereiten wie sie.

Ungeschältes Getreidekorn (mit Keim, Aleuronschicht, Frucht- und Samenschale) enthält von Natur aus alle Nährstoffe, die für die Erhaltung des Lebens wichtig sind. Mit der Gesundheitswelle werden altbewährte Getreidesorten wie Hirse, Grünkern (Dinkel) und Buchweizen wiederentdeckt.

Nach den Büchern „Schmankerl aus dem Bauernjahr" und „Lieblingsplätzerl" ist dieses das dritte in unserer Serie, das die Leser der Passauer Neuen Presse mitgestaltet haben. Es ist nicht leicht, eine Auswahl unter der Fülle der eingesandten Rezepte zu treffen. Jeder Einsender ist überzeugt von seinem „Lieblingsrezept" und steht mit seinem Namen dafür ein.

Herzlicher Dank gebührt allen, die ein Rezept geschickt haben.

Bringen Sie Abwechslung auf den Tisch mit „Lieblingsrezepten" aus Obst, Gemüse, Kartoffeln oder Vollkorn!

Was wollen Sie zuerst ausprobieren?

Schlagen Sie gleich nach unter den Kapiteln

Obst
Gemüse
Kartoffeln
Vollkorn

Gutes Gelingen
wünscht

Irmi Hofmann

Irmi Hofmann

Inhaltsverzeichnis

Obst

Gemüse

Kartoffeln

Vollkorn

Obst

Heißer Orangensalat ➛
Niederbayerischer Kirschwacker ➛

Niederbayerischer Kirschwacker

6 Semmeln vom Vortag
250 ml Vollmilch
750 g Schattenmorellen aus dem Glas
120 g Butter
5 EL Zucker
2 Eigelb
1 EL Kirschwasser
$^{1}/_{2}$ TL Zimt
2 Eiweiß
$^{1}/_{2}$ EL Butter für die Form
1 EL Semmelbrösel

Semmeln fein schneiden und in eine große Schüssel geben. Warme Milch darübergießen und einziehen lassen. Schattenmorellen abtropfen lassen. Butter mit Zucker und Eigelb schaumig rühren, Kirschwasser und Zimt daruntermischen. Eiweiß steif schlagen. Die weiche Semmelmischung gut durchkneten, Schaummasse, Eischnee und Kirschen nacheinander unterheben. In eine gefettete und mit Brösel bestreute Auflaufform füllen und bei 180 Grad 45 Minuten backen.

Erika Weber
Buchenau 3, 94227 Lindberg

Heißer Orangensalat

4 Orangen
2 Tassen Orangensaft
2 EL Orangenkonfitüre
2 cl Orangenlikör
1/2 Becher Sahne
4 EL gehackte, geröstete Nüsse

Orangen schälen, in kleine Würfel schneiden, auf 4 Schälchen verteilen. Konfitüre mit Orangensaft und Likör glattrühren, erhitzen und ca. 5 Minuten köcheln lassen. Sahne steif schlagen. Die heiße Soße über die Orangenwürfel gießen. Einen großen Sahnetupfer auf die Orangenwürfel in jedem Schälchen setzen, mit Nüssen bestreut sofort servieren.

Mathilde Mayrhofer
Irminswindstraße 8, 94094 Rotthalmünster

Joghurt-Bananen

2–3 EL Frischkäse oder Quark
2 EL Sahne
250 g Naturjoghurt
2–3 EL Zucker
1 P. Vanillinzucker
3 Bananen
2–3 EL geraspelte Mandeln

Quark oder Frischkäse mit der Sahne glattrühren, Zucker zugeben. Joghurt mit dem Schneebesen unterschlagen, bis die Masse schaumig wird. Bananen schälen, in Würfel schneiden und untermengen. Joghurt-Bananen in Portionsschälchen verteilen und mit geraspelten Mandeln garnieren.

Gertrud Meyer
Troststraße 19, 94469 Deggendorf

Äpfel mit Haube

4 Äpfel
$^1/_8$ l Weißwein
2 EL Zucker
etwas Zitronensaft

Füllung:
4 TL geriebene Mandeln
4 TL Zucker
4 TL Rosinen
oder etwas Johannisbeerkonfitüre

Creme:
$^1/_4$ l Milch
1 EL Speisestärke
40 g Zucker
1 Prise Salz
1 P. Vanillinzucker
2 Eigelb

Haube:
2 Eiweiß
40 g Zucker

Äpfel schälen und Kerngehäuse ausstechen. In Weißwein, Zitronensaft und Zucker ca. 5 Minuten dünsten. Eine feuerfeste Form fetten, Äpfel hineinstellen und mit der Mischung aus Mandeln, Zucker und Rosinen oder mit Johannisbeerkonfitüre füllen. Milch mit Zucker, Salz und Vanillinzucker zum Kochen bringen, mit der angerührten Speisestärke aufkochen. Wein vom Dünsten und Eigelb unterziehen und die Creme über die Äpfel gießen. Äpfel im vorgeheizten Backofen bei 175 Grad etwa 20 Minuten backen. Eiweiß mit Zucker steif schlagen und als Häubchen auf den Äpfeln verteilen. Äpfel nochmals ins heiße Rohr stellen, bis die Hauben goldbraun gebacken sind.

Martha Greil
Großbärnbacher Straße 1, 94253 Bischofsmais

Apfel-Wein-Torte

150 g Butter
150 g Zucker
2 Eier
225 g Mehl
2 TL Backpulver
60 g gemahlene Mandeln
2 EL Zucker
1 TL Zimt
6 Äpfel
1/4 l Wein
1 EL Zucker
1 P. Tortenguß
1/2 l Sahne
2 P. Sahnefestiger

Butter mit Zucker und Eiern zu einer Schaummasse rühren. Mehl und Backpulver mischen und untermengen. Aus diesem Rührteig zwei Böden in einer Springform backen. Mandeln, Zucker und Zimt mischen und vor dem Backen auf den Böden verteilen. Bei 175 Grad etwa 25 Minuten backen.
Äpfel schälen, in Scheiben schneiden und in Wein und Zucker dünsten. Abtropfen und erkalten lassen. Den Wein auf 1/4 l auffüllen und mit Tortenguß andicken. Den zweiten Kuchenboden in der Springform belassen, Äpfel darauf verteilen, den Guß darübergießen und erkalten lassen. Die mit dem Sahnefestiger geschlagene Sahne auf die Füllung geben, etwas Sahne beiseite stellen für den Rand. Den zweiten Boden in Stücke schneiden und anschließend auf die Torte legen. Rand nach Belieben mit Sahne verschönern.

Gudrun Konradl-Huber
Tutting 50 1/2, 94148 Kirchham

Apfelauflauf

500 g säuerliche Äpfe
100 g Butter
2 Eigelb
75 g Zucker
abgeriebene Schale einer Zitrone
100 g Haferflocken, extra zart
1 gestrichener TL Backpulver
1 Eiweiß

Äpfel schälen und in kleine Stücke schneiden. Weiche Butter in eine Schüssel geben, mit Eigelb, Zucker und Zitronenschale verrühren. Haferflocken mit Backpulver vermischt unterheben. Alle Zutaten gut vermengen. Apfelstücke unter die Teigmasse heben, Eiweiß steif schlagen und unterziehen. Auflauf in eine gefettete Form füllen und bei 200 Grad 40 Minuten backen.

Brigitte Schröger
Ratzing 8, 94121 Salzweg

Beerenkaltschale

150 g Erdbeeren
150 g Heidelbeeren
150 g Himbeeren
20 g Zitronensaft
200 g Magerjoghurt
50 g Magerquark
etwas Zimt und
Zucker nach Geschmack

Beeren mit Zitronensaft und etwas Zucker verrühren und durchziehen lassen. Tiefgekühlte Beeren mit etwas Zucker auftauen lassen. Joghurt mit Quark und etwas Zucker verrühren, mit Zimt abschmecken. Beeren und Zimtjoghurt schichtweise in Gläser füllen. Mit einzelnen zurückbehaltenen Beeren garnieren.

Anita Kittl
Feldscheid 6 a, 94078 Freyung

Apfelkuchen mit Baiser

100 g Butter
50 g Zucker
2 EL Honig
3 Eidotter
200 g Weizenvollkornmehl oder Weizenmehl
2 gestrichene TL Backpulver
3–5 EL Milch
500 g Äpfel
Saft einer Zitrone
1 EL Rum
1 EL Honig
50 g Rosinen
3 Eiweiß
1 gehäufter EL Zucker
1 EL Honig

Butter mit Zucker und Honig glattrühren, die Eidotter unterrühren. Weizenmehl mit Backpulver vermischt und Milch nach Bedarf in die Schaummasse rühren. Rand und Boden einer Springform fetten und den Teig einfüllen.
Äpfel schälen und raspeln, mit Zitronensaft, 1 EL Rum und 1 EL Honig vermischen. Nach Belieben Rosinen zugeben. Den Apfelbelag auf dem Teig verteilen. Apfelkuchen 30 Minuten bei 180 Grad backen.
Während der letzten 10 Minuten der Backzeit Baiser herstellen. Eiweiß zu sehr steifem Schnee schlagen, Zucker einrieseln lassen, Honig zugeben und weiterschlagen, bis die Masse glatt und glänzend ist. Sofort auf dem gebackenen, heißen Kuchen verteilen und glattstreichen. Bei Oberhitze ungefähr 5 Minuten goldgelb überbacken.

Elvira Dittler
Birkenweg 1 a, 84533 Marktl/Inn

Apfelpunsch

$^1/_2$ l schwarzer Tee, frisch aufgebrüht
$^1/_2$ l Apfelsaft
Saft von 1–2 Zitronen
4 EL Honig
8 EL Calvados (Apfelschnaps)
Zitronenscheiben zum Garnieren

Apfelsaft in einem Topf erhitzen und mit dem frisch aufgebrühten Tee mischen. Honig mit Calvados verrühren und mit dem Zitronensaft in den Apfelpunsch rühren. In hitzebeständige Gläser füllen, mit Zitronenscheiben garnieren und sofort servieren.

Maria Danner
Pfalsau 38, 94081 Fürstenzell

Apfeltorte

6 Eier
250 g Zucker
75 g Grieß
1 EL Kakao
250 g geriebene Äpfel
125 g geriebene Haselnüsse
2–3 EL Aprikosenmarmelade
1 P. Schokoguß
Fett für die Form

Eigelb und Zucker cremig rühren, Eiweiß zu steifem Schnee schlagen. Grieß, Kakao und Nüsse mischen und mit den Äpfeln unter die Eigelbmasse rühren. Eischnee unterziehen. Eine Springform nur am Boden fetten oder mit Backpapier belegen. Den Teig einfüllen und im vorgeheizten Backofen bei 175 Grad etwa 45 Minuten backen. Aprikosenmarmelade glattrühren und die noch heiße Torte damit bestreichen. Schokoguß schmelzen und die Torte damit überziehen.

Dina Prambs
Winhub 1, 84371 Triftern

Bananenchutney

90 g Rosinen
3 EL Cognac
2 MSP Cayennepfeffer
375 g geschälte Bananen
35 g Butter
375 g Ananasfruchtfleisch
200 g Zwiebeln, fein gewürfel
2 EL Zucker
150 ml Zitronenessig oder
Essig und Saft einer Zitrone
1 1/2 TL Senfpulver oder
mittelscharfer Senf
1 TL Kurkuma oder 1/2 TL Curry
1 TL Ingwerpulver

Rosinen in Cognac tränken, Cayennepfeffer zufügen und etwa einen halben Tag ziehen lassen. Geschälte Bananen in Scheiben schneiden, in der zerlassenen Butter leicht anbraten. Ananasfruchtfleisch in kleine Stücke schneiden. Bananen, Ananas, Zwiebeln, Cognacrosinen und Zucker vermengen und in einem Topf zum Kochen bringen. Zitronenessig oder Essig und Zitronensaft und Senfpulver oder Senf zufügen. Mit Kurkuma oder Curry und Ingwerpulver abschmecken. Chutney etwa 15 Minuten schwach kochen lassen, dann siedendheiß randvoll in gut gespülte Gläser füllen. Sofort verschließen, etwa 5 Minuten auf dem Deckel stehen lassen. Dunkel und kühl (Keller) aufbewahren.

Gaby Hopfner
Lindenstraße 19, 94360 Mitterfels

Beerenterrine auf Stachelbeersoße

500 g Vollmilchjoghurt
160 g Rahmquark
140 g Zucker
3 Eigelb
8 Blatt Gelatine
2 cl Grand Marnier
1/3 l Schlagsahne
Saft einer Zitrone und einer Orange
80 g Himbeeren
80 g Heidelbeeren
80 g Brombeeren
80 g Erdbeeren

Soße:
150 g Stachelbeeren
50 g Zucker

Eigelb mit Zucker schaumig schlagen, Quark passieren und mit dem Joghurt zur Eimasse geben. Zitronen- und Orangensaft zusammen mit dem Grand Marnier und der eingeweichten Gelatine erwärmen, bis sich die Gelatine auflöst. Diese Mischung unter die Ei-Joghurt-Masse rühren und sofort die geschlagene Sahne unterheben.
Die Masse schichtweise mit den Früchten in eine Terrinenform oder eine Schüssel, die mit Klarsichtfolie ausgelegt ist, einfüllen. Abdecken und ca. 3 Stunden kalt stellen.
Stachelbeeren vorsichtig mit dem Zucker mixen, so daß die Kerne nicht verletzt werden. Die Soße wird sonst bitter. Stachelbeeren passieren und zur Terrine servieren. Terrine stürzen, in Scheiben schneiden und mit der Stachelbeersoße anrichten.

Johann und Elisabeth Schauer
Sudetenring 50, 94234 Viechtach

Beerentraum

500 g Naturjoghurt
60–80 g Zucker
3 EL Kokoslikör
Mark einer halben Vanilleschote
Saft einer Zitrone
9 Blatt Gelatine
200 g Sahne
300 g gemischte Beeren (Himbeeren, Erdbeeren, Heidelbeeren)

Joghurt mit Zitronensaft, Zucker, Vanillemark und Kokoslikör glattrühren. Gelatine nach Anweisung auflösen und unter den Joghurt mischen. Sahne steif schlagen und unterheben. In Portionsschälchen abwechselnd Joghurtcreme und Beeren einfüllen. Beerentraum einige Stunden kalt stellen, dann nach Belieben stürzen und mit Sahne und Früchten dekorieren.

Therese Süß
Schmalzgrub 1, 94255 Böbrach

Bratäpfel mit Eissoße

4 mittelgroße Äpfel
50 g gemahlene Mandeln
3 EL Honig
3 EL Aprikosenkonfitüre

Soße:
250 g Vanilleeis
4 EL Aprikosenkonfitüre

Äpfel waschen und trockentupfen. Kerngehäuse ausstechen, Äpfel nach Belieben schälen. Mandeln, Honig und Konfitüre verrühren. Äpfel in eine gefettete Auflaufform setzen und mit der Honig-Mandel-Masse füllen. Im vorgeheizten Backofen bei 200 Grad 30–35 Minuten backen. Für die Soße Eis etwas antauen lassen und mit der Konfitüre cremig rühren. Kurz vor dem Servieren über die Bratäpfel gießen.

Martha Berger
Kühnham 12, 94060 Pocking

Brösel-Apfelkuchen

6 Eidotter
150 g Zucker
$^1/_2$ TL Zimt
1 Prise Nelkenpulver
50 g geriebene Schokolade
60 g geriebene Walnüsse
120 g Semmel- oder Zwiebackbrösel
500 g fein geschnittene Äpfel
6 Eiweiß

Eidotter mit Zucker schaumig rühren, Zimt, Nelken, Schokolade und Nüsse zugeben. Semmelbrösel und die fein geschnittenen Äpfel nacheinander unterheben. Eiweiß steif schlagen, vorsichtig unter die Apfelmasse ziehen. Teig in eine gefettete, bemehlte Springform füllen und bei 170 Grad etwa 60 Minuten backen.

Anni Unrecht
Theodor-Heuss-Straße 19, 94104 Tittling

Bunte Beerengrütze

100 g Stachelbeeren
250 g Erdbeeren
150 g Johannisbeeren
4 EL Zucker
$^1/_4$ l Weißwein
1 Zimtstange
1 EL Speisestärke
etwas Wasser
Beeren zum Garnieren

Obst putzen und waschen. Zucker in einem heißen Topf leicht anbräunen, mit Weißwein ablöschen. Obst einfüllen, Zimtstange zugeben und einmal aufkochen lassen. Speisestärke mit Wasser verrühren, zum Obst geben und aufkochen lassen. Zimtstange entfernen. Wenn die Grütze dickflüssig wird, in Schälchen füllen und kalt stellen. Mit ausgewählten Beeren garnieren.

Karin Köberl
Albanweg 10, 84307 Eggenfelden

Carolas Schneewittchenkuchen

250 g Butter
250 g Zucker
1 Vanillinzucker
250 g Mehl
1 P. Backpulver
6 Eier
2 EL Kakao
3–4 EL Milch
1 Glas Sauerkirschen
500 g Quark
4 EL Zucker
2 P. Vanillinzucker
$^1/_2$ l Schlagsahne
2 P. Sahnefestiger
$^1/_2$ l Sauerkirschsaft
2 P. roter Tortenguß

Butter mit Zucker, Vanillinzucker und Eiern schaumig schlagen. Mehl mit Backpulver mischen und mit etwas Milch nach Bedarf unter den Teig rühren. Eine Hälfte des Teiges auf ein mit Backpapier belegtes Backblech streichen. Die andere Hälfte mit Kakao dunkel färben und auf die erste Teigschicht streichen. Sauerkirschen aus dem Glas abtropfen lassen, Saft dabei auffangen. Kirschen auf dem dunklen Teig verteilen. Kuchen bei 175 Grad etwa 30 Minuten backen.
Quark mit Zucker und Vanillinzucker glattrühren, Schlagsahne mit dem Sahnefestiger steif schlagen und unter die Quarkmasse ziehen. Quarkcreme auf den erkalteten Kuchen streichen. Tortenguß nach Vorschrift auf dem Päckchen mit dem Sauerkirschsaft zubereiten und vorsichtig auf der Quarkcreme verteilen.

Carola Schwirzinger
Josef-Froschauer-Straße 19, 94447 Plattling

Erdbeer-Quarkkuchen

250 g Mehl
125 g Butter
100 g Zucker
1 Eigelb

Belag:
250 g Quark
100 g Zucker
1 P. Vanillepuddingpulver
abgeriebene Schale einer Zitrone
4 Eier
1/4 l Sahne

250 g Erdbeeren
1 P. roter Tortenguß

Mehl mit Butter, Zucker und Eigelb verkneten. Im Kühlschrank gut eine Stunde ruhen lassen. Teig auf einer bemehlten Fläche ausrollen und Boden und Rand einer Springform damit auslegen. Kuchenboden im vorgeheizten Rohr auf der zweiten Schiebeleiste von unten 10 Minuten bei 190 Grad backen.
Quark mit Zucker, Puddingpulver, Zitronenschale und Eiern verrühren. Sahne steif schlagen und unterheben. Die Quarkmasse auf den Kuchenboden füllen und weitere 40 Minuten backen. Kuchen abkühlen lassen, Erdbeeren waschen, abtropfen lassen, halbieren und die Quarkfüllung damit belegen. Tortenguß nach Vorschrift zubereiten und die Erdbeeren damit überziehen.

Andrea Ebertsberger
Achatiusstraße 21, 94034 Passau

Essigzwetschgen

1 kg Zwetschgen, entsteint
500 g Zucker
1/8 l Weinessig
1/2 l milder Rotwein
1 Stange Zimt
8 Gewürznelken
abgeriebene Schale einer halben Zitrone

Zwetschgen in der Mitte teilen oder mehrmals mit einem Zahnstocher einstechen. Zucker mit Essig, Rotwein, Zimt, Gewürznelken und Zitronenschale in einem Topf aufkochen lassen. Die Zwetschgen darin kochen, bis sie glasig sind, dann mit einem Schaumlöffel herausnehmen und sofort in heiß ausgespülte Gläser geben. Den Sud noch 5 Minuten einkochen, dann durch ein Sieb auf die Zwetschgen gießen. Die Gläser zugedeckt kühl stellen. Am nächsten Tag den Sud von den Zwetschgen abgießen, erneut aufkochen und wieder über die Zwetschgen gießen, bis sie ganz mit Sud bedeckt sind. Die Gläser etwas abkühlen lassen und verschließen. Essigzwetschgen 3 Monate durchziehen lassen.

Roswitha Pöbl
Steindorf 2, 94424 Arnstorf

Früchte auf weihnachtliche Art

500 g Äpfel
500 g Birnen
300 g Zucker
1 1/2 Tassen Wasser
1 Zimtstange
1 frische Ananas (oder 1 Dose Ananasstücke)
2 Apfelsinen
1 kleines Glas Maraschinokirschen
1 Flasche Grand Marnier

Äpfel und Birnen schälen, vierteln oder achteln und die Kerne entfernen. In kochendem Wasser bißfest garen. Obststücke herausnehmen, Wasser mit Zucker und Zimtstange aufkochen, beiseite stellen. Ananas und Apfelsinen schälen, in Stücke schneiden und mit den gekochten Äpfeln und Birnen in den Zuckersud geben. Früchte im Sud gut durchziehen lassen. Maraschinokirschen ohne Saft zugeben, dann mit Grand Marnier auffüllen. Früchte mit Sud in Schraubgläser füllen und verschließen.

Maria Löw
Klosterstraße 19, 94167 Tettenweis

Fruchtige Obstsoße

750 g Erdbeeren (oder Himbeeren, Brombeeren oder andere Beeren nach Wahl)
100 g Zucker
50 g Gelierzucker
Zitronensaft nach Belieben
1 P. Vanillinzucker

Beeren waschen, von den Ansätzen befreien und pürieren. Mit Zucker und Gelierzucker in einen Topf geben und zum Kochen bringen. Zitronensaft nach Belieben einrühren. Obstmasse etwa 10 Minuten köcheln lassen, dann mit Vanillinzucker aromatisieren. Soße durch ein Haarsieb streichen, dann nochmals kurz erhitzen. In sauber gespülte Flaschen oder Gläser mit Twist-Off-Deckeln füllen und sofort verschließen.

Heide Neumayer
Flanitzer Straße 3, 94227 Zwiesel

Gebackene Aprikosenknödel

300 g Weizenmehl oder Weizenvollkornmehl
1 Würfel Hefe
2 EL Honig
150 ml lauwarme Milch
1 Ei
50 g Butter in Flöckchen
1 Prise Salz
abgeriebene Schale einer Zitrone

Füllung:
125 g ungeschälte Mandeln, fein gehackt
100 g getrocknete Aprikosen, fein gehackt
$^1/_2$ TL Ingwerpulver
Mark einer halben Vanilleschote
2 EL Honig
1 Ei
Milch zum Aufgießen
Butter zum Bestreichen

Mehl in eine Rührschüssel geben, in der Mitte eine Mulde eindrücken. Hefe mit Honig und Milch auflösen, in die Mulde geben und mit etwas Mehl verrühren. Diesen Vorteig ca. 15 Minuten gehen lassen. Ei, Butterflöckchen, Salz und abgeriebene Zitronenschale zufügen und den Teig gut kneten. An einem warmen Ort nochmals gehen lassen.
Für die Füllung die gehackten Mandeln und Aprikosen vermengen, mit Ingwerpulver, Vanillemark, Honig und Ei verrühren. Aus dem Hefeteig Knödel formen, mit der Aprikosenmasse füllen und in eine gefettete Auflaufform setzen. Mit etwas Milch angießen, mit Butter bepinseln. Aprikosenknödel bei 180 Grad 20–30 Minuten backen.

Edeltraud Geier
Trasham 20, 94161 Ruderting

Gefüllte Äpfel

4 kleine Äpfel
1 EL Honig
1 EL Zucker
100 g Butter
2 EL Mandeln, geraspelt
Saft einer halben Zitrone
1 TL Grand Marnier
Erdbeermarmelade zum Füllen

Kerngehäuse der Äpfel entfernen, Äpfel nach Belieben schälen. Mit der Erdbeermarmelade füllen und in einen Topf setzen. Zitronensaft darüberträufeln. Butter in diesem Topf erhitzen, Honig und Zucker über die Äpfel verteilen. Im geschlossenen Topf bei schwacher Hitze etwa 15 Minuten garen. Mandeln und Grand Marnier zugeben und nochmals 5 Minuten ziehen lassen. Äpfel mit dem Buttersud übergießen und in flachen Schalen servieren.

Stephan Müller
Mariahilfstraße 4, 94032 Passau

Großmutters Obstsuppe

150 g getrocknete Birnen (Kletzen)
150 g getrocknete Pflaumen
150 g getrocknete Äpfel
150 g Rosinen
1 1/2 l Wasser zum Einweichen
2 EL Zucker
2 EL Stärkemehl

Trockenfrüchte über Nacht in 1 1/2 l Wasser einweichen. Am nächsten Tag Früchte mit dem Wasser und dem Zucker 30 Minuten kochen. Speisestärke mit etwas kaltem Wasser anrühren und in die kochende Suppe geben. Obstsuppe nochmals kurz aufkochen lassen und heiß oder kalt servieren.

(ohne Angabe des Einsenders)

Heidelbeerdatschi

500 g rohe Kartoffeln
40 g Grieß
3 Eidotter
3 EL Sauerrahm
3 Eiweiß
etwas Salz
Butterschmalz für die Reine
1/2–1 kg Heidelbeeren
(frisch oder gefroren)
Zucker zum Bestreuen

Kartoffeln waschen, schälen und reiben. Das Eiweiß zu Schnee schlagen. Eidotter mit Sauerrahm, Salz und Grieß verrühren, mit den geriebenen Kartoffeln vermischen. Eischnee unterziehen. In einer Reine Butterschmalz zerlassen, den Teig hineingeben. Heidelbeeren auf dem Datschi verteilen. Bei 200 Grad etwa 50 Minuten backen. Datschi anschließend mit Grießzucker bestreuen, in Stücke schneiden und heiß servieren.
Anstelle von Heidelbeeren können auch Äpfel oder Zwetschgen verwendet werden.

Dietlinde Stockinger
Bergstraße 3, 94110 Wegscheid

Heidelbeerreinmus

300 g Mehl
1 P. Vanillepuddingpulver
1/2 P. Backpulver
ca. 1/4 l Milch
2–3 Eier
3 EL Zucker
1 P. Vanillinzucker
1 Prise Salz
1 EL Zitronensaft
2 EL Butterfett
500–750 g Heidelbeeren
Zucker zum Bestreuen

Mehl mit Vanillepuddingpulver und Backpulver mischen. Milch und Eier abwechselnd in den Teig rühren. Zucker, Vanillinzucker, Salz und Zitronensaft untermengen. Alle Zutaten zu einem dickflüssigen Teig verschlagen.
Butterfett in einem mittelgroßen Backblech oder in einer großen Reine heiß werden lassen. Teig einfüllen und mit Heidelbeeren und etwas Zucker bestreuen. Bei 175 Grad etwa 30 Minuten backen. Heidelbeerreinmus nach Geschmack nachzuckern, in Stücke schneiden und warm servieren.

Annemarie Augustin
Buchenweg 14, 84375 Kirchdorf

Vanille-Apfel-Torte

200 g Mehl
125 g Butter
65 g Zucker
2 Eigelb
1 TL Backpulver
2 EL Rum

Füllung:
700 g Äpfel
¾ l Apfelsaft
1–2 EL Zitronensaft
150 g Zucker
2 P. Vanillepuddingpulver
2 Becher Sahne
3 EL Eierlikör

Mehl mit Backpulver mischen, mit Butter, Zucker, Eigelb und Rum zu einem Mürbteig verkneten. Im Kühlschrank 30 Minuten ruhen lassen. Äpfel schälen, achteln und hobeln. Apfelsaft mit Zitronensaft erhitzen, Vanillepuddingpulver mit Zucker vermischen und in den kochenden Apfelsaft rühren. Äpfel in diese Masse mengen.
Zwei Drittel des Teiges in Springformgröße ausrollen, das restliche Drittel als Rand ausrollen und in die Tortenform drücken. Die heiße Apfelmasse nun auf den Teigboden füllen. Bei 175 Grad 30–40 Minuten backen.
Torte einige Stunden, am besten über Nacht, kalt stellen; Sahne steif schlagen und auf der Torte verteilen. Mit einem Löffel Vertiefungen in die Sahne eindrücken, dann die Torte mit Eierlikör beträufeln.
Variationsmöglichkeit: Äpfel durch Rhabarberwürfel ersetzen. Diese am Vortag zuckern und über Nacht Saft ziehen lassen. Rhabarbersaft mit Apfelsaft ergänzen und weiter verfahren wie im Rezept beschrieben.

Maria Kindermann
Ebersberger Straße 14, 84375 Kirchberg

Vanille-Apfel-Torte ➛

Heidelbeertorte

100 g Mehl
150 g Zucker
2 Eier
100 g gemahlene Mandeln
$^1/_2$ TL Backpulver
3 EL Obstwasser
8 Blatt Gelatine
1 Becher Dickmilch
1 Becher Schlagsahne
20 g Mandelblättchen
300 g Heidelbeeren

Eier trennen, Eiweiß mit zwei Löffeln kaltem Wasser steif schlagen. 100 g Zucker unter ständigem Rühren einrieseln lassen. Eigelb verquirlen und unterziehen. Mehl mit Backpulver und gemahlenen Mandeln vermengen und unterheben. Teig in eine am Boden mit Backpapier ausgelegte Springform füllen. In den kalten Backofen schieben und bei 175 Grad etwa 30 Minuten backen.
Tortenboden aus der Form nehmen und abkühlen lassen. Mehrmals mit einem Holzspieß einstechen und mit Obstwasser beträufeln.
Für die Creme Gelatine in kaltem Wasser einweichen. Die Heidelbeeren mit einem Mixer grob zerkleinern, einige Früchte zum Verzieren zurücklassen. Dickmilch, Heidelbeeren und den restlichen Zucker verrühren. Gelatine in drei Eßlöffel heißem Wasser auflösen und unterrühren. Creme im Kühlschrank ansteifen lassen. Die steifgeschlagene Sahne unterheben.
Um den Tortenboden einen Tortenring oder den Springformrand legen und die Creme auf dem Tortenboden verteilen. Oberfläche glattstreichen oder mit einem Löffel Vertiefungen eindrücken. Den Rand mit Mandelblättchen bestreuen, Torte mit restlichen Beeren verzieren.

Thomas Stecker
Kröllstraße 11, 94481 Grafenau

Johannisbeerschnee mit Minze

2 Eiweiß
300 ml Naturjoghurt
80–100 g Zucker
500 g rote Johannisbeeren, gewaschen und entstielt
2 EL gehackte Minze

Joghurt mit 50 g Zucker verrühren. Eiweiß mit dem restlichen Zucker sehr steif schlagen und unterziehen. Die roten Johannisbeeren unterheben. Die gehackte Minze zugeben und sofort servieren. Statt roter Johannisbeeren können auch Heidelbeeren verwendet werden.

Renate Settele
Hoffeldstraße 13, 94572 Schöfweg

Käsesalat mit Früchten

1 Kopfsalat
100 g Tilsiter Käse
200 g säuerliche Äpfel
2 Scheiben Ananas
150 g Weintrauben
1/2 Becher Vollmilchjoghurt
2 EL Zitronensaft
Salz, weißer Pfeffer
1 Prise Zucker
Cayennepfeffer

Salat waschen und abtropfen lassen. Käse fein würfeln, Äpfel schälen und in sehr feine Scheiben schneiden. Ananas in Stücke schneiden, Weintrauben halbieren und entkernen. Joghurt mit den Gewürzen verrühren und mit Obst und Käse vermischen. Zugedeckt 30 Minuten ziehen lassen. Salatblätter in eine große Schüssel oder in kleine Schälchen verteilen und den Käsesalat mit den Früchten darauf anrichten, sofort servieren.

Manuela Dorfner
Unterjacking 1, 94113 Tiefenbach

Kinderbowle

750 g Obst nach Wahl (Erdbeeren, Himbeeren, Brombeeren, Kirschen, Ananasstücke)
Saft von 2 Zitronen
2 Flaschen Apfelsaft
2 Flaschen Mineralwasser

Obst waschen, putzen oder entkernen, je nach Obstsorte. Mit dem Zitronensaft beträufeln und 1–2 Stunden ziehen lassen. Obst in ein Bowlegefäß füllen und mit Apfelsaft und Mineralwasser aufgießen.

Anna Silberbauer
Bahnhofstraße 56, 94249 Bodenmais

Kirschauflauf

5 Eier
110 g Butter
150 g Zucker
500 g Quark
etwas abgeriebene Zitronenschale
200 g Grieß
1 TL Backpulver
500 g entsteinte Kirschen
100 g Mandelblättchen
Butterflöckchen

Butter mit Zucker und Eiern schaumig schlagen, Zitronenschale und Quark zugeben. Grieß mit Backpulver vermischt gut untermengen. Entsteinte Kirschen vorsichtig unterheben, dann die Masse in eine gefettete Reine oder Auflaufform füllen. Mit Mandelblättchen und Zucker bestreuen, einige Butterflöckchen daraufsetzen. Bei 175 Grad 30–40 Minuten backen.

Helga Fittigauer
Altdorfer Straße 9, 94474 Vilshofen

Kirschenmichl

1 kg Kirschen
2 cl Kirschwasser
100 g Butter
4 Eigelb
80 g Zucker
500 g Magerquark
150 g Mehl
2 TL Backpulver
abgeriebene Schale einer unbehandelten Zitrone
1 MSP Zimt
50 g gemahlene Mandeln
4 Eiweiß
Butter und Semmelbrösel für die Form

Kirschen waschen und entkernen, in eine Schüssel geben, mit Kirschwasser beträufeln und 30 Minuten ziehen lassen. Butter mit Eigelb und Zucker cremig rühren. Quark untermengen, Mehl mit Backpulver mischen und mit den Geschmackszutaten und den gemahlenen Mandeln unterrühren. Backofen auf 200 Grad vorheizen. Eiweiß zu sehr steifem Schnee schlagen, vorsichig unter die Quarkmasse ziehen. Zum Schluß die Kirschen unterheben. Eine Auflaufform mit Butter fetten und mit Semmelbröseln ausstreuen. Den Kirschenmichl einfüllen, glattstreichen und bei 180 Grad etwa 1 Stunde backen.

Resi Bauer
Oberhofen 8, 94262 Kollnburg

Kiwisalat

6 Kiwis
4 Bananen
$^1/_2$ l Sauerrahm
$^1/_{16}$ l Kiwilikör
Puderzucker
Zitronensaft

Bananen und Kiwis schälen. Bananen in ca. 3 mm dicke Scheiben schneiden und sofort mit Zitronensaft und Puderzucker vermischen. Kiwis in gleich große Stücke schneiden und ebenfalls mit Zitronensaft, Puderzucker nach Geschmack und Kiwilikör vermischen. Früchte durchziehen lassen. Für die Soße Sauerrahm mit Zitronensaft und wenig Puderzucker verrühren. Auf einem Dessertteller Soße mit den Früchten dekorativ anrichten.

Anita Haas
Fichtenstraße 6, 93152 Hart

Kürbis süß-sauer

1,5 kg Kürbisfleisch
750 g Zucker
$^1/_2$ l Weinessig
$^3/_4$ l Apfelsaft
1 Zimtstange
Schale einer unbehandelten Zitrone
6 Nelken
1 Prise Salz

Kürbisfleisch in 3 cm große Würfel schneiden. Weinessig mit Apfelsaft, Zucker und den Gewürzzutaten aufkochen. Die Kürbiswürfel zugeben und 20 Minuten kochen lassen. Kürbis mit Sud in Schraubgläser füllen und sofort verschließen.

Josefa Schober
Gelbersdorf 47, 94544 Hofkirchen

Manuelas Apfelkuchen

100 g Butter
150 g Honig
2 Eier
150 g Weizenvollkornmehl oder Weizenmehl
1 MSP Vanillemark
1 TL Backpulver
500–700 g Äpfel
2 EL Zitronensaft

Belag:
30 g Butter
50 g Honig
75 g Walnüsse, gehackt
1 EL Milch
2 MSP Zimt

Butter mit Honig und Eiern schaumig rühren. Mehl mit Backpulver und Vanillemark mischen und unter die Schaummasse rühren. Äpfel waschen, schälen und in nicht zu kleine Stücke schneiden. Apfelstücke mit einem Messer an der Oberseite etwas einritzen und mit Zitronensaft beträufeln. Teig in eine gefettete und bemehlte oder mit Backpapier ausgelegte Springform füllen. Äpfel darauf verteilen.
Für den Belag Butter mit Honig, Milch, Walnüssen und Zimt in einem Topf vermischen und kurz aufkochen lassen. Belag auf dem Kuchen gleichmäßig verteilen. Apfelkuchen bei 175 Grad etwa 45 Minuten backen.

Manuela Graber
Hopfenbergstraße 3, 94486 Gergweis

Passauer Apfelpfannkuchen

2 Äpfel
1 P. Vanillinzucker
$\frac{1}{2}$ TL Zimt
150 g Mehl
ca. $\frac{1}{4}$ l Milch
1 Prise Zucker
3 Eigelb
3 Eiweiß
1 Prise Salz
Fett zum Backen
2 cl Calvados (Apfelschnaps)
Puderzucker zum Bestäuben

Äpfel schälen, Kernhaus ausstechen, Äpfel in Spalten schneiden und mit Vanillinzucker und Zimt vermischen. Aus Mehl, Milch, Zucker und Eigelb einen dickflüssigen Pfannkuchenteig bereiten. Eiweiß mit Salz sehr steif schlagen. Teig mit Apfelspalten mischen, Eiweiß unterheben. Fett in einer Pfanne erhitzen und die Masse auf kleiner Flamme in zwei Portionen backen.
Apfelpfannkuchen vor dem Anrichten mit Calvados tränken und mit Puderzucker bestäuben.

Anita Simon
Goldener Steig 4, 94133 Röhrnbach

Pfirsichtorte mit Rahmguß

Teig:
200 g Mehl
100 g Zucker
1 P. Vanillinzucker
125 g Butter
1 Ei
1 TL Backpulver

Belag:
1 große Dose Pfirsiche
1 P. Vanillepudding
etwas Apfelsaft

Rahmguß:
100 g Zucker
200 g Sauerrahm
3 Eigelb
3 Eiweiß

Aus den angegebenen Zutaten einen Mürbteig herstellen, 30 Minuten kühl ruhen lassen. Teig auswellen, eine Springform damit auslegen und einen 3 cm hohen Rand andrücken. Dosenpfirsiche abtropfen lassen, in Spalten schneiden. Mürbteigboden mit den Pfirsichspalten belegen.
Pfirsichsaft mit etwas Apfelsaft zu 400 ml ergänzen und mit dem kalt angerührten Puddingpulver aufkochen lassen. Puddingmasse noch heiß über die Pfirsiche verteilen. Kuchen bei 180 Grad etwa 25 Minuten backen.
Für den Rahmguß Eier trennen, Eiweiß steif schlagen. Eigelb mit Zucker schaumig rühren, Sauerrahm untermengen. Eiweiß unterziehen und den Rahmguß auf dem vorgebackenen Kuchen verteilen. Bei 180 Grad weitere 10–15 Minuten backen. Kuchen in der Form auskühlen lassen und erst gut gekühlt anschneiden.

Ida Bernkopf
In der Point 7, 94360 Mitterfels

Quittentopf

1,5 kg Quitten
500 g Zucker
Mark einer Vanilleschote
3 EL Essigessenz 25 %
1 3/4 l Wasser
Salzwasser zum Einlegen

Quitten waschen, entkernen, schälen und in kleine Stücke schneiden. Sofort in Salzwasser legen, damit sie sich nicht verfärben. Wasser mit Essigessenz, Zucker und Vanillemark aufkochen. Die abgetropften Quittenstücke darin weich kochen. Quitten in Gläser füllen, Sud etwas einkochen lassen und über die Quitten gießen. Die Gläser verschließen und kühl aufbewahren.

Franziska Burner
Piering 1, 84384 Wittibreut

Reis-Quark-Auflauf mit Pfirsichen

1 l Milch
1 Prise Salz
250 g Milchreis
4 Eier
100 g Zucker
abgeriebene Schale einer Zitrone
250 g Quark
4–5 Pfirsiche (frisch oder aus der Dose)

Milch, Salz und die Hälfte des Zuckers zum Kochen bringen. Reis einstreuen und bei schwacher Hitze ausquellen lassen, bis die Milch eingekocht ist. Reisbrei auskühlen lassen. Eier trennen, Eigelb mit dem restlichen Zucker schaumig schlagen. Quark unterrühren, dann den Reis unterheben. Eiweiß steif schlagen und ebenfalls unterziehen. Frische Pfirsiche häuten und dünsten, Dosenpfirsiche nur in kleine Stücke schneiden. Pfirsichstücke unter die Auflaufmasse geben. Auflauf in eine gefettete und mit Semmelbröseln ausgestreute Form füllen. Einige Pfirsichspalten zur Garnierung in den Auflauf drücken. Reis-Quark-Auflauf bei 175 Grad etwa 45 Minuten backen.

Anneliese Obermaier
Raiffeisenstraße 2, 94419 Reisbach

Rhabarber-Sahnecreme

500 g Rhabarber
2 EL Wasser
150 g Zucker
200 g Schlagsahne
1 P. Boubon-Vanillinzucker

Rhabarber abziehen, waschen und in 5 cm lange Stücke schneiden. Rhabarberstücke mit 2 EL Wasser und ca. 100 g Zucker vermischen und zugedeckt bei schwacher Hitze 10–15 Minuten dünsten. Falls nötig, anschließend pürieren und abkühlen lassen. Sahne steif schlagen, dabei den restlichen Zucker und den Vanillinzucker einrieseln lassen. Das abgekühlte Fruchtpüree unter die Sahne heben, so daß die Creme marmoriert aussieht. In Glasschälchen servieren.

Berta Wagner
Heiglbergsiedlung 9, 94526 Metten

Rhabarberauflauf

500 g Rhabarber
150 g Zucker
3 EL Himbeersirup
3 Eier
1/8 l Sahne
50 g gehackte Nüsse
50 g Zucker
125 g Zwieback

Den abgezogenen, gewaschenen Rhabarber in 5 cm lange Stücke schneiden, mit Zucker und Himbeersirup in einem Topf ca. 5 Minuten dünsten. Eier trennen, Eigelb mit Sahne verrühren, den zerbröckelten Zwieback und die Nüsse unterheben. Die Masse in eine gefettete Auflaufform geben, den abgetropften Rhabarber darauf verteilen. Eiweiß steif schlagen, Zucker während des Schlagens einrieseln lassen. Eischnee gleichmäßig auf den Auflauf streichen. Bei 200 Grad etwa 30 Minuten backen.

Berta Heringlehner
Tabertshausener Straße 26, 94447 Plattling

Rhabarbertorte

Mürbeteig:
125 g Mehl
40 g Zucker
75 g Butter
20 g Kokosraspeln
nach Belieben

Biskuit:
2 Eier, getrennt
2 EL Wasser
65 g Zucker
50 g Mehl
25 g Speisestärke

Belag:
1 EL rote Konfitüre
750 g Rhabarber
abgeriebene Schale einer Zitrone
150 g Zucker
Wasser nach Bedarf
5 Blatt rote Gelatine
5 Blatt weiße Gelatine
3/8 l Schlagsahne
1 P. Vanillinzucker
10 g Zucker

Aus den angegebenen Zutaten einen Mürbteig bereiten, in Springformgröße ausrollen und in einer mit Backpapier ausgelegten Form bei 180 Grad ca. 10 Minuten backen.
Eigelb mit 2 EL Wasser und Zucker schaumig rühren. Eiweiß zu steifem Schnee schlagen, auf die Eigelbmasse geben. Mehl und Stärkemehl darübersieben, alles vorsichtig unterziehen. Konfitüre auf den noch heißen Mürbteigboden streichen. Biskuitmasse darauf verteilen, 10–12 Minuten bei 175 Grad backen.
Torte abkühlen lassen. Rhabarber in Stücke schneiden, mit Zitronenschale und Zucker ca. 5 Minuten in wenig Wasser kochen. Gelatine einweichen, ausdrücken und unter Rühren im heißen Rhabarber auflösen. Rhabarber etwas abkühlen lassen. Sahne mit Vanillinzucker und Zucker steif schlagen und unter die halbsteife Rhabarbermasse heben. Tortenboden auf eine Platte legen und mit einem Tortenring oder Springformrand umgeben. Rhabarbersahne auf den Tortenboden füllen, glattstreichen. Torte zugedeckt im Kühlschrank fest werden lassen. Mit Sahnetupfen verziert servieren.

Regina Wasl
Bachhamer Straße 3, 84337 Schönau

Rotweinzwetschgen

2 kg Zwetschgen
750 g Zucker
3 Stangen Zimt
1 Flasche Rotwein (Landwein)
1/4 l Rum

Zwetschgen waschen, entsteinen und in Achtel schneiden. Zwetschgen einzuckern und über Nacht durchziehen lassen. Mit Rotwein und Zimt ca. 5 Minuten kochen. Rum zugeben (nicht mehr kochen lassen), Zwetschgen mit Sud sofort in Schraubgläser füllen.

Irmgard Riegger
Rosenstraße 1, 94469 Deggendorf

Sauerkirsch-Streuselkuchen

125 g Butter
125 g Zucker
1 P. Vanillinzucker
1 Prise Salz
1/2 P. Backpulver
1 Eigelb
150 g Weizenvollkornmehl oder Weizenmehl
1 Glas Sauerkirschen, entsteint

Butter mit Zucker, Eigelb, Salz und Vanillinzucker schaumig rühren. Mehl und Backpulver mischen, eine Hälfte davon unter den Teig rühren. Den Rest des Mehles mit den Händen einarbeiten, so daß ein krümeliger Teig entsteht. Springform mit Backpapier auslegen oder mehlen und fetten. Zwei Drittel der Teigmenge in die Springform geben und am Springformboden und am Rand etwas andrücken. Die gut abgetropften Sauerkirschen einfüllen. Restliche Streusel auf dem Obst verteilen. Im vorgeheizten Backrohr bei 180 Grad etwa 45 Minuten backen.

Regina Huber
Stelzenöd 2, 94424 Arnstorf

Schlehenlikör

200 g gefrorene Schlehen
150 g Kandiszucker (braun oder weiß)
Mark einer Vanillestange
1 Flasche Korn

Schlehen in ein großes, verschließbares Gefäß geben. Kandiszucker, Vanillemark und Korn einfüllen. 6 Wochen zugedeckt stehen lassen. Schlehenansatz ab und zu gut durchschütteln. Nach 6 Wochen abseihen und in Flaschen füllen.

Helga Völtl
Frankldorfer Straße 3, 94342 Straßkirchen

Schwarzwälder Kirschbecher

1/2 l Milch
1/2 Vanilleschote
40 g Zucker
25 g Stärkemehl oder 1 P. Vanillepudding
250 g Quark
100 g Puderzucker
500 g entsteinte Kirschen oder Schattenmorellen
100 g geriebene Schokolade

Stärkemehl mit Zucker und Vanillemark oder Puddingpulver mit Zucker vermischen, mit etwas kalter Milch anrühren. Die übrige Milch zum Kochen bringen, das Gemisch in die kochende Milch einrühren. Vanillecreme kurz aufkochen lassen, unter mehrmaligem Rühren erkalten lassen. Quark mit Puderzucker glattrühren, die völlig erkaltete Vanillecreme unterziehen. Vanillequark, Kirschen und Schokolade lagenweise in Gläser schichten. Mit Schokoladenraspeln und Kirschen garniert servieren.

Manuela Maurer
Neureut 5, 94078 Freyung

Traubenstrudel mit Marzipan

250 g Mehl
1 Ei
1 Prise Salz
2 EL Öl
ca. 100 ml lauwarmes Wasser
Öl zum Bestreichen

Füllung:
200 g Marzipan
1 Ei
1 EL Grappa
60 g Sauerrahm
175 g Puderzucker
1,5 kg Trauben
250 g Mandelmakrönchen
Puderzucker zum Bestreuen

Aus Mehl, Ei, Salz, Öl und Wasser nach Bedarf einen glatten, elastischen Strudelteig kneten. Den Teig zu einer Kugel formen, mit Öl bestreichen und zugedeckt mindestens 30 Minuten ruhen lassen. Inzwischen das Marzipan weich kneten, mit dem Ei, dem Grappa, dem Sauerrahm und dem Puderzucker glattrühren. Backofen auf 200 Grad vorheizen. Den Strudelteig dünn ausrollen und ausziehen. Mit der Marzipanmasse bestreichen. Die Trauben waschen, halbieren und entkernen, auf dem Teig verteilen. Zuletzt die Makrönchen zerbröckeln und daraufstreuen. Den Strudel aufrollen und auf ein mit Backpapier belegtes Blech heben. Etwa 45 Minuten backen. Mit Puderzucker bestreut servieren.

Anna Bretzenbeck
Ammerstraße 11, 85354 Haidlfing

Walnußkonfekt aus Breslau

1 kg grüne Walnüsse
Nelken und Zimtstückchen zum Spicken
1 kg Zucker
1/4 l Wasser
125 g Zucker
1/16 l Rum oder Ingwerlikör

Die Walnüsse müssen noch vollständig ihre grüne Schale haben, innen darf kein brauner Kern vorhanden sein.
Walnüsse mit einer neuen Stricknadel wenigstens zehnmal einstechen. Nüsse dann 14 Tage lang in kaltes Wasser legen, morgens, mittags und abends das Wasser abgießen und mit frischem Wasser wieder auffüllen. Nüsse werden nach einigen Tagen unansehnlich, das Wasser färbt sich grün und bräunlich. Zum Wasserwechseln Gummihandschuhe anziehen, da sonst die Hände braun werden.
Nach 14 Tagen noch einmal das Wasser wechseln, dann jede Nuß mit einer Nelke und einem Stückchen Zimt spicken. 1 kg Zucker mit etwa 1/4 l Wasser und den Nüssen 15 Minuten auf kleiner Flamme kochen. Nüsse mit Zuckersud in einen Tontopf füllen, mit Cellophanpapier gut zubinden und 2 Tage an einem kühlen Ort stehen lassen. Danach Nüsse nochmals 15 Minuten in der Zuckerlösung aufkochen, weitere 125 g Zucker hinzufügen. Zur Verfeinerung Rum- oder Ingwerlikör zugeben.
Nüsse mit dem Zuckersud wieder in den Tontopf zurückgeben und verschließen. An einem kühlen, trockenen Ort mindestens 6 Monate ruhen lassen. Nüsse ziehen dabei durch, werden größer und kandieren.
Tip des Einsenders: Dieses Breslauer Walnußkonfekt ist ein himmlisches Weihnachtsgeschenk.

Karl Grützner
Theresienstraße 26, 94032 Passau

Walnußeis

2 Eigelb
75 g Zucker
2 EL Rum
40 g frisch gemahlene Walnüsse
200 g Sahne
grob gehackte Walnüsse zum Verzieren

Eigelb mit Zucker schaumig rühren, Rum zugeben. Mit dem Handrührgerät weiterschlagen, bis eine dicke, weiße Creme entsteht. Walnüsse untermengen, die Sahne steif schlagen und unterheben. Eismasse in einen Tiefkühlbehälter füllen und gefrieren lassen. Vor dem Servieren mit grob gehackten Walnüssen verzieren.

Alexandra Wagner
Schönanger, Ohetal 15, 94556 Neuschönau

Feine Erdbeerspeise

2 P. Vanille- oder Sahnepudding
750 ml Milch
3 EL Zucker
1 EL Butter
200 g Erdbeeren
1 Becher Schlagsahne
einige halbierte Erdbeeren zum Garnieren

Beide Päckchen Puddingpulver mit Zucker vermischen, mit der angegebenen Menge Milch nach Vorschrift zubereiten und mit Butter verfeinern. Erdbeeren waschen, trockentupfen, von den Stielen befreien und nach Belieben in Stücke schneiden. Unter die Puddingmasse mengen und alles in eine längliche, kalt gespülte Form füllen. Nach dem Erkalten stürzen und in Scheiben schneiden. Mit steif geschlagener Sahne und einigen halbierten Erdbeeren garnieren.

Heroldine Weiß
Scheuereck 29, 94081 Fürstenzell

Zitronen-Bananen-Creme

abgeriebene Schale
einer unbehandelten Zitrone
Saft von 2 Zitronen
2 Bananen
4 Blatt weiße Gelatine
1 Ei
2 EL Zucker
1 P. Vanillinzucker
1 Becher Schlagsahne
Schokoraspeln

Bananen schälen, in Stücke schneiden und mit Zitronensaft und der abgeriebenen Zitronenschale pürieren. Das Ei trennen, Eigelb mit Zucker und Vanillinzucker cremig rühren. Bananen-Zitronen-Püree unterrühren, eingeweichte und aufgelöste Gelatine zufügen und ansteifen lassen. Eiweiß und Schlagsahne getrennt steif schlagen und unter das Püree heben. Zitronen-Bananen-Creme in Dessertgläser füllen und mit Schokoraspeln verzieren.

Christine Ameres
Degernbach 11, 84347 Pfarrkirchen

Zwetschgendatschi

150 g Quark (trocken)
6 EL Öl
1 Ei
75 Zucker
1 P. Vanillinzucker
1 Prise Salz
300 g Mehl
1 P. Backpulver
1–1,5 kg Zwetschgen
Milch oder Mineralwasser
nach Bedarf
2 EL zerlassene Butter

Zucker mit Vanillinzucker und Salz vermischen, mit Quark, Öl und Ei gut verrühren. Backpulver mit Mehl vermischen, die Hälfte dieser Mischung unter den Teig rühren. Den Rest rasch unterkneten. Auf einem gefetteten oder mit Backpapier ausgelegten Backblech dünn auswellen und mit zerlassener Butter bestreichen. Mit entsteinten, halbierten oder geviertelten Zwetschgen dicht belegen. Bei 200 Grad etwa 30 Minuten backen. Zwetschgendatschi nach dem Backen mit Zucker bestreuen und in Stücke schneiden.

Paula Bruchmeier
Ausbach 2, 94060 Pocking

Zwetschgenkuchen auf dem Blech

200 g Butter oder Margarine
180 g Zucker
1 Vanillinzucker
2 Eier
500 g Mehl
1 P. Backpulver
600–800 g entsteinte Zwetschgen
Zucker zum Bestreuen

Aus den angegebenen Teigzutaten einen Mürbeteig herstellen. Drei Viertel des Teiges in Backblechgröße ausrollen und auf ein mit Backpapier belegtes oder gefettetes und bemehltes Blech legen. Mit entsteinten Zwetschgen belegen. Den restlichen Teig ausrollen, mit einem Teigrädchen 1 1/2 cm breite Streifen ausradeln, den Kuchen damit gitterartig belegen. Bei 175 Grad etwa 40 Minuten backen. Kuchen nach dem Backen mit Zucker bestreuen.

Maria Buchner
94360 Mitterfels

Gemüse

Andreas Mischgemüse ➛

Andreas Mischgemüse

1 kleine Zwiebel
4 mittelgroße Kartoffeln
3 gelbe Rüben
1 kleine Stange Lauch
2 sehr kleine Zucchini oder eine
entsprechende Menge Blumenkohl
$^1/_4$–$^1/_2$ l Fleischbrühe
Schnittlauch oder Kräuter zum Verfeinern
1 EL Fett

Zwiebel würfelig schneiden und in Fett andünsten. Kartoffeln schälen, würfeln und zu den Zwiebeln geben, kurz anrösten. Mit Fleischbrühe aufgießen und ca. 10 Minuten zugedeckt garen lassen. Inzwischen die übrigen Gemüse waschen und klein schneiden, Blumenkohl in Röschen zerteilen. Gemüse mit den Kartoffeln weiterkochen, bis es gar ist. Mit Salz, Pfeffer und Küchenkräutern nach Belieben abschmecken.

Andrea Eberhardt
Hochfeldring 14, 94360 Mitterfels

Aubergine mit Käse

4 EL Wasser
1 mittelgroße Aubergine
3 EL Tomatenmark
1 Knoblauchzehe
125 g würziger Käse, gerieben

Die gewaschene Aubergine ungeschält der Länge nach in Scheiben schneiden. Die Knoblauchzehe zerdrücken, mit Tomatenmark vermischen und auf die einzelnen Auberginenscheiben streichen. Auberginen in Käse wälzen. Wasser in eine Auflaufform gießen und die Auberginenscheiben darin schräg aneinanderfügen. Mit dem restlichen Käse bestreuen. In der Mikrowelle ca. 6–8 Minuten garen oder im Rohr bei 175 Grad etwa 30 Minuten backen.

Ingrid Rehmeier
Schillerstraße 21, 84130 Dingolfing

Bayerisches Sauerkraut

500 g frisches Sauerkraut
$^1/_8$ l Fleischbrühe
2 Lorbeerblätter
100 g durchwachsener Speck
2 Zwiebeln, gewürfelt
Kümmel, Salz, Pfeffer
1 Prise Zucker
1 EL gehackte Petersilie

Fleischbrühe in einem Topf aufkochen lassen, Sauerkraut mit einer Gabel zerpflücken und mit den Lorbeerblättern zur Fleischbrühe geben. Im geschlossenen Topf ca. 25 Minuten garen. Deckel abnehmen und Flüssigkeit etwas einkochen lassen. Lorbeerblätter entfernen. Speck würfeln und mit den Zwiebeln in einer Pfanne bei nicht zu starker Hitze goldbraun rösten. Mit dem Sauerkraut vermischen und mit Kümmel, Salz, Pfeffer und Zucker abschmecken. Mit Petersilie bestreut servieren.

Christine Köstlmeier
Laiflitzerweg 3, 94259 Kirchberg i. W.

Bayrische Ruabm

1 kg Rübchen (Herbst- oder Stoppelrüben)
1–2 EL Zucker
30 g Butter
Salz
Wasser
30 g Mehl
Zitronensaft
gehackte Petersilie

Rüben waschen, putzen, in Würfel schneiden. Zucker vorsichtig trocken in einem Topf schmelzen lassen, bis er braun ist. Mit Wasser ablöschen, Rübchen, Butter und Salz zugeben. Rübchen sanft garen. Soße dann mit Mehl binden und das Gemüse süß-sauer mit Zucker, Zitronensaft und Petersilie abschmecken.

Elly Steinhuber
Altasbach 5, 94094 Rotthalmünster

Blaukraut mit Eßkastanien

1 Kopf Blaukraut
Salz, Zucker nach Geschmack
2–3 EL Essig
1/2 TL gemahlener Kümmel
1 Zwiebel, gewürfelt
3 EL Fett
1 Prise Zucker
1/8 l Weißwein oder Most
1 EL Mehl

Blaukraut putzen und schneiden, mit Salz, Kümmel und Essig durchmengen, kurz ziehen lassen. Im heißen Fett Zucker und Zwiebelwürfel anbräunen, das Kraut zugeben und im eigenen Saft etwas schmoren lassen. Wein oder Most zugeben, ebenso die geschälten Eßkastanien. Blaukraut weich kochen, mit Salz, Zucker und Essig abschmecken.

Hermine Irber
Steinfeldstraße 5, 94447 Plattling

Bunter Gemüsetopf

3 EL Sonnenblumenöl
7 mittelgroße Möhren
1 Blumenkohl
200 g Sellerie
5 Tomaten
500 g Kartoffeln
250 g mageres Rindfleisch nach Belieben
1 TL Salz
1/4 l Gemüsebrühe

Möhren in Scheiben schneiden, Blumenkohl in kleine Röschen teilen, Sellerie schälen, waschen und würfeln. Tomaten waschen und in Achtel schneiden. Kartoffeln und Rindfleisch würfeln.
Öl in einem Suppentopf erhitzen, Gemüse und Rindfleisch in den Topf schichten und salzen. Gemüsebrühe aufgießen, Topf schließen und die Gemüsemischung aufkochen lassen. Dann Hitze zurücknehmen und den Eintopf ca. 40 Minuten garen lassen.

Regina Borst
Rappacherweg 3, 94405 Möding

Blumenkohl-Brokkoli-Auflauf

1 Blumenkohl
500 g Brokkoli
Salzwasser
1 große Zwiebel
2 Knoblauchzehen
4 EL Butter
4 EL Mehl
$^{1}/_{4}$ l klare Brühe
$^{3}/_{8}$ l Milch
250 g gekochter Schinken
200 g mittelalter Gouda
weißer Pfeffer
geriebene Muskatnuß
Butter für die Form

Blumenkohl und Brokkoli putzen, waschen, in kleine Röschen teilen und in kochendem Salzwasser bißfest garen. Abtropfen und etwas abkühlen lassen. Zwiebel und Knoblauchzehen schälen und fein hacken. Butter erhitzen und beides kurz darin andünsten. Mehl darüberstäuben und anschwitzen, mit Brühe und Milch ablöschen. Soße kurz aufkochen und unter Rühren ca. 5 Minuten einkochen lassen. Von der Ofenplatte nehmen. Käse grob würfeln und in der Soße schmelzen lassen.
Schinken in feine Streifen schneiden. Blumenkohl und Brokkoli in die gefettete Auflaufform schichten, Schinken darübergeben. Die Käsecreme mit Salz, Pfeffer und Muskatnuß abschmecken und über das Gemüse und den Schinken verteilen. Im vorgeheizten Backofen bei 200 Grad ca. 30 Minuten backen.

Doris Rohrer
Ramerding 34, 84375 Kirchdorf/Inn

Blumenkohlgeheimnis

1 Blumenkohl
1 EL Zitronensaft
Salz
ca. 375 g gemischtes Hackfleisch
Salz, Pfeffer
Senf
1 kleine Zwiebel in Würfeln
1 EL gehackte Petersilie
1 Ei
1 Semmel
150 ml Sahne
100 g geriebener Käse
Kräuter nach Belieben
3 geviertelte Tomaten

Blumenkohl in große Röschen teilen, Strunk kreuzförmig einschneiden, in Salzwasser (Zitronensaft zugeben) nicht ganz gar kochen. Aus Hackfleisch, eingeweichter und ausgedrückter Semmel, Ei, Zwiebel und Petersilie einen pikanten Hackfleischteig herstellen. Mit Salz, Pfeffer, Senf würzen, Fleischteig in eine gefettete Auflaufform ringförmig einfüllen. Blumenkohlröschen in die Mitte der Form setzen.
Aus Sahne, Reibkäse und Kräutern eine Soße rühren und über den Blumenkohl gießen. Tomatenviertel auf den Fleischrand setzen. Im Backrohr ca. 30 Minuten bei 180–200 Grad überbacken.

Hildegard Sturm-Weindel
Mitterfeldstraße 19, 94469 Deggendorf

Brokkolikuchen

Mürbteig:
250 g Mehl
oder Vollkornmehl
125 g Butter
1 Ei
1 Prise Salz
1 Prise Zucker
Fett für die Form

Belag:
750 g Brokkoli
Salzwasser
1 Knoblauchzehe
$^{1}/_{8}$ l süße Sahne
4 Eier
50 g Parmesan, gerieben
250 g gekochter, gewürfelter Schinken

Mehl mit Butter, Ei, Salz und Zucker zu einem Teig verkneten. Teig ausrollen und eine gefettete Springform damit belegen. Aus den Teigresten einen ca. 5 cm hohen Rand formen. Bei 200 Grad etwa 10 Minuten hell vorbacken.
Den Brokkoli putzen, waschen und zerteilen. In Salzwasser etwa 10 Minuten garen. Nach Belieben eine Knoblauchzehe mitkochen. Sahne mit den Eiern und dem geriebenen Parmesan verquirlen. Gut abgetropften Brokkoli auf dem vorgebackenen Mürbteigboden verteilen, den gewürfelten Schinken darüberstreuen. Das Sahne-Ei-Gemisch darübergießen. Kuchen bei 200 Grad etwa 45–55 Minuten backen, warm servieren.
Tip der Einsenderin: Dieses Gericht läßt sich gut vorbereiten, das Ei-Sahne-Gemisch aber erst kurz vor dem Backen über den Kuchen gießen.

Eva Buhmann
Ludwigshöhe 17, 94034 Passau

Brennesselspinat

500 g junge Brennesseltriebe (vor der Blütezeit pflücken)
1 EL Butter
½ TL Salz
Pfeffer, Muskat
1 EL Mehl oder Vollkornmehl
4 EL Sahne
50 g geröstete Mandelblättchen

Brennesseln waschen und abtropfen lassen, nach Belieben hacken. Butter erhitzen, Brennesseln darin andünsten und mit Salz, Pfeffer und Muskat würzen. Im geöffneten Topf weitere 5 Minuten dünsten. Mehl mit Sahne anrühren und unter den Brennesselspinat mengen. Kurz vor dem Servieren geröstete Mandelblättchen unterheben.

Theresia Herzog
Wistlberg 73, 94151 Finsterau

Brunnenkresse-Sauermilch

1 l kalte, ungekochte Vollmilch
Salz
etwas Essig
4–5 hartgekochte Eier
frische Brunnenkresse (3–4 Handvoll)

Milch wenig salzen und mit Essig nach Geschmack säuern. Gekochte Eier klein hacken und zugeben. Brunnenkresse waschen, trockenschütteln und fein hacken. Unter die Sauermilch mischen. Brunnenkresse-Sauermilch schmeckt zu Kartoffelgerichten.

Erna Reinert-Klotz

Bunte Gemüsesoße

1/2 grüne Paprikaschote
1/2 rote Paprikaschote
1 Zwiebel
1 kleine Stange Lauch
1 kleine gelbe Rübe
1 EL Butter
1/4 l Wasser
1 TL gekörnte Gemüsebrühe
Salz, Pfeffer, Paprika
1 EL Weizenvollkornmehl oder Hirsemehl
1 EL Sahne
1 EL gehackte Petersilie

Gemüse waschen, putzen und in kleine Würfel oder Streifen schneiden. Butter in einem Topf erhitzen, Gemüse darin andünsten. Mit Wasser aufgießen und mit gekörnter Gemüsebrühe, Salz, Pfeffer und Paprika abschmecken. Gemüse ca. 20 Minuten sanft garen. Weizenvollkornmehl oder Hirsemehl einstreuen, nochmals aufkochen lassen. Mit Sahne und gehackter Petersilie abschmecken.

Tip der Einsenderin:
Die Gemüsesoße paßt hervorragend zu Kartoffeln, Reis und Nudeln.

Renate Well
Passauer Straße 43, 94577 Winzer

Chinakohlsalat mit Früchten

1 kleiner Chinakohl
2 Birnen
100 g Ananaswürfel
1 Orange
2 Bananen
4 EL Zitronensaft
100 g Majonnaise
1 kleine Knoblauchzehe
200 g Dickmilch
Salz, Pfeffer, Zucker

Chinakohl putzen, waschen und in kleine Streifen schneiden. Birnen und Orangen schälen und in Scheiben schneiden, Bananen schälen und würfeln. Zusammen mit den Ananaswürfeln unter den Chinakohl mischen und mit Zitronensaft begießen.
Die Majonnaise mit der Dickmilch vermischen. Mit Salz, Pfeffer, Zucker und der zerdrückten Knoblauchzehe abschmecken. Die Soße über den Salat gießen und vorsichtig vermengen.

Sofie Murr
Kirchdorf 16, 94486 Osterhofen

Escarbitze

1 große Zwiebel
4 Knoblauchzehen
50 g frischer Ingwer
3 Karotten
1 rote Paprikaschote
1 grüne Paprikaschote
3 Tomaten
1 Tasse Wasser
1 TL Salz
1 1/2 TL Zucker
Essig nach Geschmack
1 EL Mehl
1 TL gekörnte Gemüsebrühe
Öl zum Dünsten

Zwiebel und Ingwer schälen, in kleine Würfel schneiden und in Öl andünsten. Zerdrückte Knoblauchzehen zugeben. Karotten in dünne Scheiben schneiden, zu den Zwiebeln geben und mit Wasser aufgießen. Gemüse 5 Minuten dünsten, dann die in Würfel geschnittenen Paprikaschoten und Tomaten zugeben. Mit Salz, Zucker, Essig und Gemüsebrühe nach Geschmack würzen, mit Mehl binden.

Dietlinde Dichtl
Alois-Muttenhammer-Straße 5, 94161 Ruderting

Feiner Gemüsebraten mit Schwammerlsoße

4 EL Öl
300 g Zwiebeln, gewürfelt
150 g Sellerie
300 g gelbe Rüben
300 g Brokkoli
Gemüsebrühe nach Bedarf
100 g Hirse
100 g Buchweizen
100 g Naturreis
3 Eier
2–3 TL Majoran
1–2 TL Basilikum
1–2 TL Kräutersalz
1 TL gekörnte Brühe
1 TL Hefeflocken

Schwammerlsoße:
1 gewürfelte Zwiebel
30 g Butter
200 g blättrig geschnittene Schwammerl
2 EL Weizenvollkornmehl oder Weizenmehl
1 Tasse süße Sahne
1 TL gekörnte Brühe
Basilikum, Schnittlauchröllchen nach Belieben

Das gewaschene Getreide (Hirse, Buchweizen, Naturreis) in doppelte Menge kochende Brühe geben und ca. 45 Minuten quellen lassen.
Das Gemüse waschen, putzen und in kleine Würfel schneiden, Brokkoli in Röschen zerteilen. Öl erhitzen, Gemüse darin ca. 10–15 Minuten leicht anrösten und schmoren lassen. Getreide und Gemüse in eine Schüssel geben, mit Gewürzen und Eiern zu einem Teig verarbeiten und pikant abschmecken. Die Masse in eine gefettete Auflaufform füllen und bei 200 Grad 45 Minuten backen.
Für die Schwammerlsoße die Zwiebelwürfel in Butter andünsten und die blättrig geschnittenen Schwammerl dazugeben. Mit Mehl bestäuben und mit Sahne aufgießen. Mit gekörnter Brühe, Basilikum und Schnittlauch abschmecken.

Fenchelauflauf

1 kg Fenchel
Saft einer halben Zitrone
Salz, Pfeffer, frisch gemahlen
80 g Butter
30 g Mehl
1/4 l Brühe
1/4 l Schlagsahne
1 kleiner Bund Petersilie, gehackt
200 g Emmentaler, grob gerieben
350 g gekochter Schinken, in Streifen
400 g Kartoffeln

Fenchel putzen (äußere Schalenschicht mit dem Kartoffelschäler entfernen), waschen, längs halbieren, das Fenchelgrün fein hacken. Die Fenchelhälften längs in etwa 1 cm dicke Scheiben schneiden, mit Zitrone beträufeln und salzen. 40 g Butter in einem Topf schmelzen, den Fenchel darin bei milder Hitze 10–15 Minuten dünsten. Den dabei entstehenden Saft aufheben für die Soße.
Kartoffeln schälen, ebenfalls in 1 cm dicke Scheiben schneiden und 8–10 Minuten vorkochen. Restliche Butter in einem Topf aufschäumen, Mehl einrühren und gut anschwitzen. Mit Brühe und Sahne auffüllen, gut durchrühren und bei milder Hitze ca. 10 Minuten kochen lassen. Mit gehackter Petersilie, Fenchelgrün und etwas frischem Pfeffer abschmecken.
Eine flache Auflaufform buttern, den in Streifen geschnittenen Schinken in der Form verteilen. Fenchelstücke und Kartoffelscheiben dachziegelartig einschichten. Den Fenchelsaft in die Sahnesoße rühren, Soße über Kartoffeln und Fenchel gießen. Die Oberfläche des Fenchelauflaufs mit dem geriebenen Emmentaler bestreuen. Bei 200 Grad 20–25 Minuten goldbraun backen.

Rita Sonnleitner
Rottersham, 94099 Ruhstorf a. d. Rott

Fenchelgemüse mit feiner Käsesoße

4 kleine oder 2 große Fenchelstauden
1/2 l Salzwasser
60 g Butter
40 g Mehl
1/4 l Milch
100 g geriebener Käse
Salz, Pfeffer, Muskat
1 EL gehackter Dill

Fenchelstauden putzen, halbieren oder vierteln. Den festen Strunk in der Mitte herausschneiden. Fenchelstücke in wenig kochendem Salzwasser ca. 30 Minuten zugedeckt garen. Butter in einem Topf schmelzen, Mehl darin anschwitzen, mit Milch und etwas Fenchelbrühe aufgießen und gut aufkochen lassen. Mit geriebenem Käse, Salz, Pfeffer, Muskat und Dill abschmecken. Fenchelstücke aus dem Salzwasser heben und mit der Soße vermischt servieren. Nach Belieben mit Fenchelgrün garnieren.

Irene Wieser
Thalersdorf 11, 93471 Arnbruck

Fenchelsalat

3 Fenchelknollen (500 g)
1 Apfel
1 Orange
50 g Walnüsse
3 EL Öl
6 EL Sahne
2 EL Zucker
Zitronensaft, Salz, Pfeffer

Fenchel waschen, putzen und klein hacken. Mit Zitronensaft beträufeln. Apfel und Orange schälen und würfeln, Nüsse zerhacken. Fenchel mit Apfel-, Orangenwürfeln und Nüssen vermischen. Aus Öl, Sahne, Zucker und den Geschmackszutaten eine Marinade rühren und diese über den Fenchel gießen. Gut durchziehen lassen.

Ursula Huber
Gleiwitzer Straße 3, 94036 Passau

Gebackenes Sauerkraut

500 g Sauerkraut
100 g Butterschmalz
2 Eier
60 g Mehl
$^{1}/_{8}$ l Rahm
2 MSP Salz
1 MSP Muskatnuß
$^{1}/_{8}$ l Weißwein
$^{1}/_{8}$ l Wasser
125 g Schinken oder Räucherspeck
2 EL Milch

Sauerkraut in Butterschmalz kurz anrösten, Wein und Wasser auffüllen und das Sauerkraut darin weich kochen. Schinken oder Speck in feine Streifen schneiden. In eine gefettete Auflaufform je eine Lage Sauerkraut und Schinken füllen. Eier trennen, Eidotter mit Mehl, Milch, Salz, Muskatnuß und Rahm verrühren. Eiweiß steif schlagen und unter diese Masse ziehen. Eimasse über das Sauerkraut in der Auflaufform geben, bei 175 Grad etwa 30 Minuten backen.

Brigitte Anzeneder
Nopplingerstraße 45, 84367 Tann

Gefüllte Auberginen

1 kg (4 Stück) Auberginen
Saft von 2 Zitronen
50 g magerer Speck
1–2 Knoblauchzehen
3 EL Öl
250 g Champignons
250 g Tomaten
Salz, gemahlener schwarzer Pfeffer
1 Prise Zucker
1 Bund Petersilie, gehackt
1 EL Semmelbrösel
100 g in dünne Streifen geschnittener Gouda

Auberginen der Länge nach halbieren und aushöhlen. Das ausgehöhlte Fruchtfleisch mit Zitronensaft beträufeln und in Würfel schneiden. Den gewürfelten Speck mit den zerdrückten Knoblauchzehen würzen und in Öl kurz anrösten. Champignons putzen, waschen und fein hacken. Mit den Auberginenwürfeln zum Speck geben und ca. 10 Minuten dünsten. Die Tomaten überbrühen, häuten, achteln und in die Pfanne geben. Mit den Gewürzen und dem Zucker abschmecken, die kleingehackte Petersilie untermengen. Das Gemüse in die Auberginenhälften füllen, mit Semmelbröseln bestreuen und den in Streifen geschnittenen Gouda darüberlegen. Die Auberginenhälften auf ein mit Butter gefettetes Backblech oder in eine gefettete Form legen und bei 200 Grad etwa 25 Minuten überbacken.

Regina Resch
Dreisesselstraße 18, 94164 Sonnen

Gelbe-Rüben-Kuchen vom Blech

125 g Butter
1 TL geriebene Zitronenschale
200 g brauner Zucker
600 g fein geriebene gelbe Rüben
6 Eigelb
6 Eiweiß
250 g gemahlene Haselnüsse
1 Prise Salz
150 g Mehl oder Weizenvollkornmehl
1 P. Backpulver
2 EL Puderzucker zum Bestäuben

Butter mit Zucker und Eigelb schaumig rühren. Haselnüsse, Mehl und Backpulver untermischen. Zitronenschale und gelbe Rüben unterrühren. Eiweiß mit Salz steif schlagen und unterziehen. Den Teig auf ein gefettetes oder mit Backpapier belegtes Blech streichen und bei 175 Grad 35–45 Minuten backen. Abgekühlt mit Puderzucker bestäuben.

Anna Söldner
Gärbachstraße 9, 94154 Neukirchen v. Wald

Gemüselasagne

9–12 Lasagneblätter (nach Größe der Form)
200–300 g geriebener Goudakäse

Tomatensoße:
je 300 g Möhren, Sellerie und Lauch
250 g abgezogene, gewürfelte Tomaten oder 1 Dose Schältomaten
2 Zwiebeln
1–2 Knoblauchzehen
2 EL Öl
4–5 EL Tomatenmark
$^{1}/_{8}$ l Gemüsebrühe
Basilikum, Oregano, Thymian, Salz, Pfeffer

Béchamelsoße:
30 g Weizenvollkornmehl oder Weizenmehl
30 g Butter
300–400 ml Milch
etwas Weißwein
Muskat, Salz, Pfeffer, gekörnte Gemüsebrühe

Butter für die Form
Butterflöckchen

Für die Tomatensoße Möhren, Sellerie und Lauch klein zerhacken oder in kleine Streifen raspeln. Zwiebeln würfeln, Knoblauchzehe zerdrücken. Zwiebel und Knoblauch in heißem Öl glasig anrösten, Gemüse hineingeben und mitdünsten, Tomatenmark zugeben. Mit Gemüsebrühe aufgießen, mit Salz, Pfeffer und Gewürzen abschmecken.
Für die Béchamelsoße Butter in einem Topf erhitzen, Mehl einstreuen, hell anschwitzen lassen. Milch portionsweise aufgießen, aufkochen lassen und gut durchrühren. Soße mit Wein und Würzzutaten abschmecken.
Lasagneblätter in kochendes Wasser tauchen, damit sie geschmeidig werden. Eine Schicht Lasagneblätter in eine gefettete Auflaufform füllen. Zuerst eine Schicht Gemüsesoße, dann eine Schicht Béchamelsoße darüber verteilen. Mit geriebenem Gouda bestreuen. Auf diese Weise 2–3 Schichten in die Auflaufform füllen. Die oberste Schicht Lasagneblätter mit etwas Béchamelsoße und geriebenem Käse bestreuen, mit Butterflöckchen besetzen. In den vorgeheizten Ofen schieben und bei 175 Grad ca. 30 Minuten backen.

Maria Lindinger
Trasham 84, 94161 Ruderting

Gemüsepflanzerl

4 gekochte Kartoffeln
$^1/_2$ Stange Lauch
1 gelbe Rübe
1 kleine Zwiebel
$^1/_2$ rote Paprikaschote
1 Knoblauchzehe
100 g Sellerie
1 Ei
100 g gekochten Schinken nach Belieben
etwas Reibkäse
3 EL Semmelbrösel für den Teig
Semmelbrösel zum Panieren
Fett zum Backen
Salz, Pfeffer, Kräuter

Paprika, Lauch, Zwiebel fein schneiden, die Kartoffeln reiben. Gelbe Rüben und Sellerie raspeln, den Schinken klein schneiden. Gemüse mit dem Ei und den Semmelbröseln gut vermengen, dann mit Salz, Pfeffer und Kräutern abschmecken. Pflanzerl formen und in Semmelbröseln wenden. In der Pfanne in heißem Fett backen.

Marianne Kellhammer
Steinerleinbach 12, 94133 Röhrnbach

Gemüserösti

300–400 g Kartoffeln
150 g gelbe Rüben
100 g Sellerie
$^1/_2$ Zwiebel, fein gehackt
1 Ei
Salz, Pfeffer, Majoran
2 TL Pflanzenöl
50 g geriebener Käse

Die Gemüse mittelfein reiben, mit Ei und den Gewürzen verrühren. In zwei Pfannen je 1 TL Öl erhitzen, die Masse darin verteilen und bei geschlossenem Deckel goldgelb backen. Mit Hilfe des Deckels stürzen und auf den anderen Seiten ebenso backen. Zum Schluß den Käse darüberstreuen und bei geschlossenem Deckel schmelzen lassen.

Gabriele Rast
Hufschmiedstraße 35, 84503 Altötting

Gemüsestrudel mit Gorgonzolasoße

500 g Vollkornmehl
40 g Hefe
1/4–3/8 l lauwarmes Wasser
1 TL Honig
1 TL Meersalz
50 g Butter

Fülle:
700 g Gemüse:
Blumenkohl, Bohnen, Karotten, Brokkoli, gemischt
1 Zwiebel, gewürfelt
2 EL Öl
100 g geriebener Emmentaler oder Gouda
2 Eier
4 EL Sahne
Salz, Pfeffer, Knoblauch und Muskat
Eigelb und Milch zum Bestreichen

Soße:
200 g Gorgonzola
2 EL Butter
2 EL Gemüsebrühe
2 EL süße Sahne
4 EL geriebener Emmentaler oder Gouda

Aus den angegebenen Zutaten einen Hefeteig bereiten und gehen lassen. Gewürfelte Zwiebel in Öl andünsten, die Gemüse fein schneiden und bißfest garen. Mit Salz, Muskat, Pfeffer und Knoblauch würzen.
Hefeteig auf einem bemehlten Küchentuch dünn auswellen, das abgekühlte Gemüse darauf verteilen. Eier, Sahne, Salz und Pfeffer verquirlen und über das Gemüse geben. Emmentaler oder Gouda darüberstreuen. Mit Hilfe des Küchentuches Strudel aufrollen. Den Strudel in die Bratreine setzen und mit etwas Eigelb, das mit Milch verquirlt wurde, bestreichen. Etwa 15–20 Minuten gehen lassen. Bei 175–190 Grad 40 Minuten backen.
Für die Soße die Butter mit Gorgonzola schmelzen lassen. Brühe, Sahne und Käse dazurühren, mit Pfeffer und Muskat abschmecken.

Kathrin Wasner
Schloßberg 25, 94086 Griesbach i. R.

Grüne Phantasiegemüsesuppe

1 Salatgurke
2 mittelgroße Zucchini
150 g geriebener Käse
50 g Gorgonzola
1 Becher saure Sahne
1 Becher süße Sahne
$^1/_8$ l Milch
$^1/_2$ l Gemüsebrühe
Kräutersalz
Muskatnuß und Ingwer, gemahlen
1 EL Distelöl
etwas Haferkleie zum Bestreuen
frische Kresse zum Verzieren

Gurke schälen, Gurke und Zucchini in Scheiben schneiden. Einen Topf mit Distelöl auspinseln, Gurken und Zucchinischeiben einfüllen und bei kleiner Flamme köcheln lassen. Sofort mit Kräutersalz würzen. Nach etwa 5 Minuten die süße und saure Sahne sowie die Milch zugießen. Sobald die Gemüsescheiben etwas weich sind, pürieren. Den geriebenen Käse und den kleingeschnittenen Gorgonzola langsam in der Masse schmelzen lassen. Gemüsebrühe zugießen und mit frischgemahlenem Muskat und Ingwer würzen. Suppe in Teller oder Suppentassen füllen, mit Haferkleie bestreuen und mit frischer Kresse verzieren.

Christine Haidl
Westerburgerstraße 6, 94032 Passau

Spinatkuchen

1 Pack. tiefgefrorener
Blätterteig (450 g)
750 g Blattspinat
1 Bund Frühlingszwiebeln oder
150 g Lauch
50 g Butter
1 durchgepreßte Knoblauchzehe
Salz, Pfeffer
120 g Schafskäsewürfel
3 Eier
3 EL Semmelbrösel
20 g Sonnenblumenkerne
1 Eigelb zum Bestreichen

Blätterteig nach Anweisung auftauen lassen. Backblech mit Wasser abspülen und 3/4 des Bleches mit Blätterteig auslegen. Etwas Teig über den Rand stehen lassen.
Gemüse waschen und putzen, Spinat eventuell grob hacken. Frühlingszwiebeln oder Lauch in Ringe schneiden. Gemüse in heißer Butter ca. 5 Minuten dünsten, bis die Flüssigkeit ganz verdampft ist. Schafskäsewürfel und Sonnenblumenkerne untermengen. Eier und Semmelbrösel in das abgekühlte Gemüse rühren, mit Knoblauch, Salz und Pfeffer würzen. Gemüse auf dem Teig verteilen. Teigränder nun über die Gemüsefülle klappen und mit verquirltem Eigelb bestreichen. Bei 175 Grad 40 Minuten backen und sofort servieren.

Michaela Ritt
Sonneneck 7, 94051 Hauzenberg

Spinatkuchen ➛

Sizilianischer Gemüsesalat

500 g große Fleischtomaten (sehr reif)
500 g Paprikaschoten (rot und grün)
500 g Zwiebeln
500 g Kartoffeln
Salz, Pfeffer aus der Mühle
1/8 l kaltgepreßtes Olivenöl

Stielansätze der Tomaten herausschneiden, die Tomaten kurz in kochendes Wasser tauchen, anschließend kalt abschrecken und häuten. Geputzte Paprika, Tomaten, geschälte Zwiebeln und Kartoffeln in nicht zu kleine Stücke schneiden. Gemüse überbrausen und tropfnaß in einen Topf geben. Mit Salz und Pfeffer würzen und mit Öl übergießen. Topf verschließen und das Gemüse 45 Minuten bei sehr kleiner Hitze garen. Ab und zu vorsichtig umrühren.
Tip der Einsenderin: Dieses Gericht schmeckt am besten kalt oder lauwarm.

Eva Buhmann
Ludwigshöhe 17, 94034 Passau

Grüne Tomaten

3 kg grüne Tomaten
1 kg Zwiebeln
100 g Salz
250 g Datteln oder Zwetschgen
750 g–1 kg Zucker
1 l Weinessig
2 EL Mehl
2 EL Senf
2 EL Curry
2 EL Cayennepfeffer
2 EL Kurkuma (Gelbwurz) nach Belieben
1 TL Ingwer
2 TL süßer Paprika

Tomaten und Zwiebeln grob schneiden, über Nacht einsalzen und vor dem Kochen abseihen. Mit Zucker, Essig und Senf ca. 1 Stunde im offenen Topf kochen. Zwetschgen oder Datteln zugeben und 30 Minuten weiterkochen. Alle Gewürze daruntermischen, nochmals 10 Minuten leicht kochen lassen. Mit Mehl eindicken und noch heiß in Schraubgläser füllen.

Rosa Weigend
Ringkofener Straße 6, 94447 Plattling

Karottinis

400 g Karotten
250 g Kartoffeln
80 g Walnußkerne, grob gehackt
3 Eier
3 EL Weizenmehl oder Vollkornmehl
1 TL abgeriebene Orangenschale
1 Prise Jodsalz
2 EL Pflanzenfett
etwas Crème fraîche

Kartoffeln und Karotten waschen, putzen und raspeln. Mit den Walnußkernen, den Eiern und dem Mehl verrühren. Mit Orangenschale und Jodsalz abschmecken. Aus der Masse kleine Puffer formen und im heißen Pflanzenfett in einer Pfanne auf beiden Seiten goldgelb backen. Vor dem Servieren auf jeden Puffer einen Teelöffel Crème fraîche setzen.

Monika Wieser
Dornach 16, 94428 Eichendorf

Kartoffel-Porree-Auflauf

500 g mittelgroße Kartoffeln
600 g Porree
Salzwasser
1 mittelgroße Zwiebel
30 g Butter
40 g Mehl
1/4 l Gemüsebrühe
1/8 l Milch
1/2 Becher Schlagsahne
Salz, weißer Pfeffer
etwas Muskat
2 EL Sesam
Fett für die Form
1 EL gehackte Petersilie

Kartoffeln waschen, schälen und der Länge nach vierteln. Porree putzen, gründlich waschen und in ca. 5 cm lange Stücke schneiden. Kartoffeln und Porree in wenig kochendem Salzwasser ca. 10 Minuten vorgaren.
Die Zwiebel fein würfeln, Butter in einem Topf zerlassen und die Zwiebelwürfel darin glasig dünsten. Mehl darüberstäuben und goldgelb anschwitzen. Unter ständigem Rühren Brühe, Milch und Sahne zugießen und zum Kochen bringen. Mit Salz, Pfeffer und Muskat abschmecken. Kartoffeln und Porree gut abtropfen lassen, dann in eine gefettete Form schichten. Mit der hellen Soße übergießen und mit Sesam bestreuen.
Im vorgeheizten Backofen bei 200 Grad 30 Minuten backen. Vor dem Servieren mit Petersilie garnieren.

Marianne Ebner
Birkenstraße 8, 94469 Deggendorf

Kohlrabi im Teigmantel

800 g Kohlrabi (4–6 Knollen)
1/8 l Gemüsebrühe
1 EL Öl
1 kleines Ei
50 g Semmelbrösel oder Vollkornsemmelbrösel
50 g Parmesan, gerieben
40 g Butter oder Öl

Kohlrabi schälen und in etwa 1/2 cm dicke Scheiben schneiden. In Gemüsebrühe ca. 8 Minuten bißfest garen, etwas abkühlen lassen. Die Kohlrabischeiben zuerst in Mehl, dann in verquirltem Ei und zum Schluß in einer Mischung aus Semmelbröseln und dem geriebenen Parmesan wenden. Bei kleiner bis mittlerer Hitze in Butter oder Öl von jeder Seite ca. 4 Minuten braten.

Gabi Katzbichler
Kachletstaße 6 b, 94034 Passau

Kürbis süß-sauer

1 kg Kürbis (ohne Schale und Kerne)
500 g Zucker
1/4 l Wasser
1/8 l Weißwein
1/8 l Weinessig
2 Nelken
1 unbehandelte Zitrone in Scheiben
6 cl Rum

Kürbis in Würfel schneiden. Wasser mit Wein, Essig und Zucker in einen Topf geben, Nelken und Zitronenscheiben zufügen. Kürbis im Sud kochen, bis er glasig ist. Topf vom Herd nehmen und den Rum unterrühren. Kürbis mit dem Sud heiß in Schraubgläser füllen und verschließen.

Katharina Hofbauer
Elmberg 57, 94481 Grafenau

Kürbisgemüse

1 kg Kürbisfleisch
40 g Butterschmalz
1–2 Zwiebeln
3–4 Tomaten
Brühe nach Bedarf
20 g Mehl
2 EL gehackte Petersilie
Salz, Pfeffer

Zwiebeln fein würfeln, in heißem Butterschmalz andünsten, Kürbiswürfel zugeben. Gemüse salzen und halbgar dünsten, dann die geviertelten Tomaten zugeben. Nach Bedarf etwas Brühe aufgießen und fertiggaren. Mit Mehl binden, mit Salz und Pfeffer abschmecken und mit Petersilie garnieren.

Waltraud Dadlhuber
Weiherweg 1, Amsham, 84385 Egglham

Löwenzahnhonig

2 gehäufte Hände voll Löwenzahnblüten
1 l kaltes Wasser
1 kg Zucker
1 unbehandelte Zitrone in Scheiben

Löwenzahnblüten in kaltem Wasser zusetzen und aufkochen lassen. Über Nacht kühl stehen lassen, dann abseihen. Mit Zucker und Zitronenscheiben langsam kochen, bis der Honig etwas dicklich wird. Dabei einige Male aufwallen lassen. Zitronenscheiben herausnehmen und Honig in Gläser abfüllen.

Bianca Drexler
Hoffeld 4, 94447 Plattling

Landfrauenwähe

100 g Porree
125 g Sellerie
125 g Möhren
Salzwasser
1 Zwiebel
10 g Fett
300 g gemischtes Hackfleisch
250 g Tomaten
1 Bund Petersilie
1 Bund Schnittlauch
Salz, Pfeffer, Oregano

Teig:
250 g Mehl
100 g Butter
1 TL Salz
1 TL Essig
knapp 1/8 l Wasser
2 Eier
1/4 l Sahne
Salz, Muskat

Gemüse waschen, putzen, Porree in Ringe schneiden, Sellerie und Möhren würfeln. In wenig Salzwasser 10–15 Minuten garen, dann abgießen.
Zwiebel würfeln und in Fett glasig andünsten. Hackfleisch zufügen und braun anbraten. Tomaten häuten und grob würfeln, Petersilie und Schnittlauch fein hacken. Tomaten und Kräuter unter die Fleischmasse mengen, kurz mitdünsten und mit Salz, Pfeffer und Oregano abschmecken. Anschließend abkühlen lassen.
Mehl mit Butter, Salz, Essig und Wasser nach Bedarf rasch zu einem glatten Teig verkneten. Mindestens 15 Minuten kalt stellen. Teig ausrollen und in eine gefettete Springform legen. Dabei einen Rand von 3–4 cm Höhe hochziehen. Bei 175 Grad ca. 10 Minuten backen. Fleischmasse auf dem vorgebackenen Teigboden verteilen. Eier mit Sahne verquirlen und mit Salz und Muskat würzen. Das gegarte Gemüse zur Eiersahne geben und über das Fleisch verteilen. Die Wähe ca. 35 Minuten bei 200 Grad backen.

Irmgard Danner
Reuth 18 1/2, 94081 Fürstenzell

Lauchtorte

Teig
ca. 200 g Weizenvollkornmehl
1 Eigelb
2–3 EL kaltes Wasser
$^{1}/_{3}$ TL Salz
150 g Butter

Füllung:
750 g Lauch (geputzt)
$^{1}/_{2}$ l Brühe
150 g geriebenen Gouda
4 Eier
$^{1}/_{8}$ l Sahne
Salz, Pfeffer, Paprika, Zitronensaft

Aus den angegebenen Zutaten rasch einen Mürbeteig kneten. Teig in Folie wickeln und im Kühlschrank 30 Minuten ruhen lassen. Teig auswellen und in eine Springform legen. Rand 2–3 cm hochziehen. Lauch in Ringe schneiden, in der Brühe aufkochen, abgießen und abkühlen lassen. Mit dem geriebenen Gouda vermischen und auf dem Teigboden verteilen. Die Eier mit der Sahne verquirlen, mit Salz, Pfeffer, Paprika und Zitronensaft abschmecken. Eisoße über den Lauch gießen, Lauchtorte im vorgeheizten Backofen bei 180 Grad etwa 40 Minuten backen. Der Guß muß völlig fest sein.

Heidi Bernreiter
Sepp-Dötsch-Straße 19, 94227 Zwiesel

Maispizza

1 l Wasser
250 g Maismehl
Salz
1 EL Butter
2 Zwiebeln
1–2 Paprikaschoten
6 Tomaten oder
1 Dose Schältomaten
Salz, Pfeffer, Oregano, Thymian
150 g geriebener Emmentaler

Wasser mit Salz und Butter zum Kochen bringen und den Mais unter Rühren einstreuen. Bei schwacher Hitze ca. 15 Minuten quellen lassen. Maisbrei ca. 1,5 cm dick auf ein gefettetes Backblech streichen. Paprikaschoten waschen, entkernen und in Streifen schneiden. Zwiebeln in feine halbe Ringe schneiden. Beide Gemüse in einer Bratpfanne mit etwas Öl anrösten. Zwiebel-Paprika-Masse auf dem Maisbrei verteilen. Tomatenscheiben darauflegen und würzen, geriebenen Käse darüberstreuen. Im vorgeheizten Ofen bei 175 Grad 30 Minuten backen. Warm servieren.

M. Kammerer
Waldstraße 8, 94508 Schöllnach

Möhren-Apfel-Salat

300 g Möhren
Saft einer Zitrone
3 säuerliche Äpfel
2 EL Honig
Saft einer Orange
1/8 l Sahne
1 MSP Ingwerpulver
50 g Walnußkerne

Möhren putzen, waschen und mittelfein raspeln. Sofort mit Zitronensaft begießen, damit die Möhrenfarbe erhalten bleibt. Äpfel schälen, Stengel und Kerngehäuse entfernen und ebenfalls raspeln. Möhren und Äpfel vermengen.
Für die Marinade Honig mit Orangensaft und der leicht geschlagenen Sahne in einer Schüssel verrühren. Soße mit Ingwerpulver würzen, über den Möhren-Apfel-Salat gießen. Im Kühlschrank 15 Minuten durchziehen lassen, dann in Portionsschälchen verteilen und mit den geriebenen Walnüssen garnieren.

Roland Wezstein
Simonsöder Allee 24, 84307 Eggenfelden

Möhren-Chutney

250 g Zucker
250 g brauner Zucker
1 kg Möhren
250 g Gemüsezwiebeln
300 g Äpfel
200 g Staudensellerie
2–3 Knoblauchzehen
150 g Rosinen
12 EL Essigessenz
$^{1}/_{2}$ l Apfelsaft
Wasser nach Bedarf
2 TL Korianderkörner
1 EL Senfkörner
Salz

Braunen und weißen Zucker mit Apfelsaft, Wasser nach Bedarf und Essigessenz aufkochen. Möhren schälen, waschen, der Länge nach in dünne Scheiben, dann in 3–4 cm lange Stücke schneiden. Zwiebeln schälen, vierteln, ebenfalls in dünne Scheiben schneiden. Staudensellerie putzen, waschen, in ca. $^{1}/_{2}$ cm breite Stücke schneiden. Gewaschene Äpfel entkernen, vierteln, in Scheiben schneiden. Geschnittenes Gemüse und Äpfel mit den gehackten Knoblauchzehen, dem Senf und den Korianderkörnern in den Sud geben. Zutaten gut mischen und unter öfterem Rühren ca. 60 Minuten offen kochen lassen.
Nach 30 Minuten die Rosinen einstreuen. Chutney so lange kochen, bis die Flüssigkeit fast verdampft ist. Mit Salz abschmecken. Kochend heiß in Twist-Off-Gläser füllen, sofort verschließen.

Tip der Einsenderin: Das Chutney hält ca. 2–3 Monate und schmeckt köstlich zu Fisch, kurzgebratenem Fleisch oder zu Bratkartoffeln.

Anneliese Hertel
Am Wimhof 48, 94034 Passau

Paprikasuppe

1 kg Paprikaschoten (rot und gelb)
2 Zwiebeln, fein gewürfelt
60 g Butter
1/2 l Fleischbrühe
2 Knoblauchzehen
Salz, Pfeffer
etwas Schnittlauch zum Garnieren

Paprikaschoten putzen, entkernen, waschen und in sehr kleine Würfel schneiden. Knoblauchzehen zerdrücken oder durchpressen. Butter in einem Topf schmelzen, Knoblauch und Zwiebelwürfel 5 Minuten darin rösten. Paprikawürfel zugeben und 5 Minuten mitdünsten. Fleischbrühe zugießen und Paprika ca. 10 Minuten garen. Suppe mit Salz und Pfeffer abschmecken, pürieren und mit Schnittlauch garnieren.

Maria Gstöttner
Kapfham 2 a, 94136 Thyrnau

Pikante Knoblauchzehen

10 Knoblauchknollen
1/2 l Weißwein
1/2 l Essig
75 g Zucker
2 Chilischoten
etwas Rosmarin und Thymian
8 Gewürznelken
1 TL weiße Pfefferkörner
4 Lorbeerblätter
2 TL Salz
4 EL Öl

Knoblauchknollen zerteilen und Zehen schälen. Essig und Weißwein in einen Topf füllen und mit Zucker und allen Gewürzzutaten erhitzen. Den Knoblauch 3 Minuten darin kochen. Über Nacht Knoblauch in diesem Sud zugedeckt stehen lassen. Am nächsten Tag nochmals 5 Minuten kochen, dann erkalten lassen. Knoblauchzehen mit dem Sud in Gläser füllen, zuletzt das Öl darübergießen. Gläser verschließen.

Christian Kohlberger
Kaltenbrunn 7, 94259 Kirchberg

Porree-Schinken-Rollen

4 große Stangen Porree
1 Prise Muskat
4 Scheiben gekochter Schinken
Butter für die Form
3/8 l Salzwasser
Muskat, Salz, Pfeffer

Soße:
4 EL Butter
2 EL Mehl
1/8 l Sahne
75 g geriebenen Emmentaler

Porree putzen, waschen, längs halbieren. Im Salzwasser mit Muskat ca. 10 Minuten kochen. Porreestangen abtropfen lassen, Brühe dabei auffangen. Porree mit Schinken umwickeln und in eine gut mit Butter gefettete Auflaufform einlegen. Aus Mehl, Butter und etwas Porreebrühe eine Schwitze bereiten. Mit Muskat, Salz und Pfeffer abschmecken, Sahne und Käse unterrühren. Porreerollen mit der Käsesoße überziehen und im Backofen bei 200 Grad 20 Minuten überbacken.

Anneliese Obermaier
Raiffeisenstraße 2, 94419 Reisbach-Oberhausen

Rosenkohlgratin mit Radieschensprossen

750 g Rosenkohl
40 g Butter
Salz, Pfeffer, Muskatnuß
1 Tasse Wasser
50 g gehackte Walnußkerne
100 g Gouda, gerieben
1 Handvoll Radieschensprossen
Butter für die Form

Rosenkohl putzen und waschen. Butter aufschäumen lassen, Rosenkohl darin wenden, würzen und eine Tasse Wasser aufgießen. Zugedeckt bei sanfter Hitze 10–15 Minuten dünsten, Topf ab und zu rütteln. Rosenkohl in eine gefettete Auflaufform füllen und mit Walnußkernen und Käse bestreuen. Die Hälfte der Sprossen darübergeben. Im vorgeheizten Backofen bei 225 Grad auf der mittleren Einschubleiste 5–7 Minuten überkrusten. Die restlichen Sprossen vor dem Servieren darüberstreuen.

Helga Eckert, 94527 Aholming

Sauerampfer

750 g Sauerampfer
60 g Butter
2 hartgekochte Eidotter
Muskatnuß, Salz, Pfeffer
1/8 l süßer Rahm

Sauerampfer waschen, alle Stiele und dicken Blattrippen entfernen. Mit kochendem Wasser begießen, damit er zusammenfällt. In der zerlassenen Butter wenden und kurz aufkochen lassen. Die Eidotter zerdrücken und zugeben. Sauerampfergemüse mit Salz, Pfeffer und Muskat würzen und mit Rahm verfeinern.

Angelika Stemmer
Auweg 1, 94486 Gergweis

Schwammerlauflauf

500 g in Scheiben geschnittene Schwammerl
3 EL Butter
1 große Zwiebel, gewürfelt
Pfeffer, Salz
1 TL gehackte Petersilie
4 Tomaten
2 Eigelb
2 EL Mehl
2 EL Wein
2 Eiweiß, steif geschlagen
2 EL geriebener Käse

Butter in einem Topf erhitzen, die fein gewürfelte Zwiebel darin kurz anrösten. Schwammerl zugeben, mitdünsten und mit Salz, Pfeffer und Petersilie würzen. Eine Auflaufform fetten, Schwammerl einfüllen, Tomaten in Scheiben schneiden und darauf verteilen. Eigelb mit Mehl und Wein verquirlen, nach Belieben salzen und pfeffern und den Eischnee unterziehen. Eimasse über die Schwammerl geben, Käse darüberstreuen. Auflauf im vorgeheizten Backofen bei 175 Grad 20–30 Minuten backen.

Lisa Eberl
Nördlicher Stadtgraben 1, 94469 Deggendorf

Sellerieschnitzel mit Zitronenpanade

600 g Sellerie
Meersalz
frisch gemahlener weißer Pfeffer
einige Tropfen Zitronensaft
1 Tasse Vollkornmehl
2 Eier
2 Tassen Vollkornsemmelbrösel
abgeriebene Schale einer unbehandelten Zitrone
kaltgepreßtes Öl zum Backen
1 unbehandelte Zitrone in Scheiben

Sellerie schälen, waschen, in 1–2 cm dicke Scheiben schneiden. In Salzwasser bißfest kochen. Selleriescheiben herausnehmen, gut abtropfen lassen und mit Meersalz und Pfeffer würzen. Mit Zitronensaft beträufeln. Selleriescheiben anschließend in Vollkornmehl, dann in den verquirlten Eiern wenden. Die Vollkornsemmelbrösel mit der Zitronenschale mischen und die Selleriescheiben darin panieren. In heißem Öl von beiden Seiten goldgelb backen, mit Zitronenscheiben garniert sevieren.
Variationsmöglichkeit: Statt der Zitronenschale 20 g Sesamkörner und etwas geriebenen Emmentaler Käse unter die Vollkornsemmelbrösel mischen.

Helga Krüger
Gerhart-Hauptmann-Straße 6, 94474 Vilshofen

Süßes Weißkraut

1 mittelgroßer Weißkrautkopf
1 l Wasser
1 TL Salz
Pfeffer

1 EL Butter
2 EL Mehl
1 TL Zucker
1 1/2 EL Essig

Weißkraut fein hobeln, im Salzwasser ca. 1/2 Stunde weich kochen, dann mit Pfeffer und Essig abschmecken. Butter erhitzen, Mehl und Zucker darin anschwitzen und mit etwas Weißkrautbrühe ablöschen. Einbrenne gut durchrühren und das Weißkraut damit binden.

Karolina Dorfner
Machham 3, 94542 Haarbach

Tomatentorte

250 g Mehl
Salz
150 g Butter
3 EL kaltes Wasser

Belag:
500 g Fleischtomaten
1/4 l Milch
2 TL Speisestärke
175 g Emmentaler, gerieben
4 Eier
1 Bund Basilikum
Salz, frisch gemahlener Pfeffer

Mehl mit Salz, kaltem Fett und etwas kaltem Wasser verkneten. Teig eine Stunde kühl stellen und ruhen lassen. Teig auswellen und eine Springform damit auslegen. Rand 3 cm hochziehen. Teigboden mit der Gabel einstechen, dann im vorgeheizten Backofen bei 180 Grad 30 Minuten hellbraun backen.
Tomaten in Scheiben schneiden und den ausgekühlten Mürbteigboden damit belegen. Milch mit der Speisestärke, dem geriebenen Käse, den Eiern und dem gehackten Basilikum verrühren. Mit Salz und Pfeffer abschmecken und die Masse über die Tomaten gießen. Im Backofen nochmals 45 Minuten backen. Die Eiermilch muß goldgelb und gestockt sein.

Eva Noll
Bahnhofstraße 8, Sulzbach, 94099 Ruhstorf

Überkrusteter Wirsing

1 Kopf Wirsingkohl
1 Zwiebel
2 EL Butter
300 g frische Champignons
200 g geriebener Käse
2 EL gehackte Petersilie
2 Eier
Salz, Muskat
200 g Crème fraîche
Pfeffer aus der Mühle

Wirsing putzen, waschen und in Sechstel schneiden. In Butter ca. 15 Minuten bißfest dünsten. In der Zwischenzeit Champignons waschen, blättrig schneiden und mit Zwiebelwürfeln in Butter 5 Minuten andünsten. Eier mit Crème fraîche, gedünsteten Champignons, Salz, Pfeffer, Muskat und Reibkäse gut verrühren. Wirsing in eine feuerfeste Form setzen. Die Käsecreme über den Wirsing gießen. Bei 200 Grad im vorgeheizten Backofen 30 Minuten überkrusten. Mit gehackter Petersilie bestreut servieren.

Margit Kern
Doblweg 4, 94160 Ringelai

Wildkräutersalat mit Radieschen

ca. 125 g Wildkräuter
(Löwenzahn, Vogelmiere,
Sauerampfer, Gänseblümchen,
Schafgarbe)
2 EL Schnittlauchröllchen
1 Bund Radieschen
1/2 Bund Frühlingszwiebeln
2 EL Essig
1 EL saure Sahne
1/4 TL Salz
Pfeffer aus der Mühle
1 zerdrückte Knoblauchzehe
4 EL Sonnenblumenöl

Kräuter waschen und trockenschleudern, je nach Größe ganz lassen oder grob zerteilen. Radieschen in halbe Scheiben schneiden oder stifteln. Zwiebeln in Ringe schneiden. Salatsoße aus Essig, saurer Sahne, Salz, Pfeffer, Knoblauch und Öl gut verrühren, über die vorbereiteten Zutaten gießen und alles locker durchmischen. Sofort servieren.

Regina Weber
Krankenhausstraße 32, 94526 Metten

Wurzelsuppe

2 gelbe Rüben
4 Petersilienwurzeln
2 Stangen Lauch
1 Stück Sellerie
1/4 Weißkraut
1/4 Wirsing
100 g Butter
1 1/2 l Fleischbrühe
leicht geröstetes, in kleine Würfel geschnittenes Brot als Suppeneinlage
Salz, Pfeffer

Gemüse waschen, putzen, in Würfel oder Streifen schneiden. Butter in einer Kasserolle schmelzen, Gemüse zugeben und mit etwas Fleischbrühe bißfest garen, öfters umrühren. Restliche Fleischbrühe aufgießen und Suppe nochmals 15 Minuten kochen lassen. Wurzelsuppe mit Salz und Pfeffer abschmecken und mit leicht gerösteten Brotwürfeln servieren.

Anneliese Lenz
Birkenweg 5, 94547 Iggensbach

Würziger Wirsingtopf

1 Kopf Wirsing
1 Zwiebel
1 EL Öl
200 g Hackfleisch
Muskat
1/4 l Gemüse- oder Fleischbrühe
500 g Kartoffeln
200 g geriebener Emmentaler

Zwiebel schälen und in Würfel schneiden, dann in Öl anbraten. Hackfleisch zugeben und mitrösten. Wirsing waschen, in Streifen schneiden und zur Fleischmasse geben. Mit Gemüse oder Fleischbrühe aufgießen, mit Salz, Pfeffer und Muskat würzen. Kartoffeln waschen, würfeln und zum Wirsingtopf geben. Im geschlossenen Topf etwa 30 Minuten garen. Zum Schluß geriebenen Käse unterrühren und schmelzen lassen.

Anneliese Drasch
Unterbuch 9, 94474 Vilshofen

Zucchiniauflauf

600 g Zucchini
1 kg gekochte Kartoffeln
350 g Hackfleisch
1 gehackte Zwiebel
1 Semmel
2 Eier
$^1/_4$ l süße Sahne
200 g geriebener Emmentaler
gehackte Petersilie, Schnittlauchröllchen
Salz, frisch gemahlener schwarzer Pfeffer

Kartoffeln pellen und in Scheiben schneiden. Semmel einweichen und ausdrücken, mit Eiern, Zwiebelwürfeln, Salz und Pfeffer unter das Hackfleisch mengen.
Zucchini waschen, abtrocknen und in Scheiben schneiden. Sahne mit 50 g geriebenem Käse, Salz und Pfeffer verquirlen und etwas davon in eine gebutterte Auflaufform füllen. Abwechselnd nun Kartoffeln, Zucchini und Fleischmasse in die Auflaufform schichten. Jeweils mit Salz und Pfeffer würzen, mit Sahnesoße beträufeln und mit Käse bestreuen. Die letzte Schicht muß aus Kartoffeln und Soße bestehen. Im vorgeheizten Backofen bei Mittelhitze ca. 45 Minuten backen.

Ulrike Fuchs
Guglöd 26, 94568 St. Oswald

Zwiebelkuchen

500 g Mehl
1 Würfel frische Hefe
1 TL Zucker
1/4 l Milch
1 Ei
1 TL Salz
60 g Butter

Belag:
750 g Zwiebeln
60 g Butter
Pfeffer, Kümmel
100 g durchwachsener Speck
150 g Gouda oder Emmentaler
1 Ei
1/8 l Sahne

Aus den angegebenen Zutaten einen Hefeteig zubereiten und gehen lassen. Inzwischen die Zwiebeln schälen und in feine Ringe schneiden. In der Butter glasig dünsten. Den Teig auf einem gebutterten Backblech ausrollen. Die abgekühlten Zwiebeln darauf verteilen, mit Pfeffer und Kümmel würzen. Speck fein würfeln, über die Zwiebeln geben und mit dem frisch geriebenen Käse bestreuen. Ei und Sahne verquirlen, mit Salz. Pfeffer und gemahlenem Kümmel abschmecken und darübergießen.
Den Kuchen im 50 Grad warmen Ofen nochmals gehen lassen. Bei 200 Grad anschließend etwa 30 Minuten goldgelb backen.

Monika Edhofer
Nikolausstraße 3 a, 84533 Marktl

Zwiebelpfannkuchen

500 g Zwiebeln
100 g Käse, gerieben
4 Eier
4 EL Haferflocken
4 EL Mehl
1/2 TL Salz
1 Prise Pfeffer
4 EL Öl
1 Becher Sauerrahm
Pfeffer aus der Mühle

Zwiebeln schälen und grob hacken, mit Käse vermischt in eine Schüssel füllen. Eier, Haferflocken und Mehl untermengen. Mit Salz und Pfeffer abschmecken. Öl in einer Pfanne erhitzen, aus der Zwiebelmasse kleine Pfannkuchen im heißen Öl backen. Jeden Pfannkuchen vor dem Servieren mit einem TL Sauerrahm bestreichen und mit Pfeffer aus der Mühle bestreuen.

Janet Bogner
Schulbergstraße 54, 94032 Passau

Kartoffeln

Kartoffelauflauf mit Joghurtsoße ➛

Kartoffelauflauf mit Joghurtsoße

1 kg gekochte Kartoffeln
4 Scheiben Schinken
1 rote Paprikaschote
1 kleine Stange Lauch
1 Zwiebel
1 Knoblauchzehe
1 Becher Sahne
1 Becher Crème fraîche
1 Bund Schnittlauch, fein geschnitten
1 Ei
Salz, Pfeffer, Paprika nach Geschmack
ca. 200 g geriebener Käse

Joghurtsoße:
1 Becher Sauerrahm
1 Becher Knoblauch-Crème fraîche
250 g Quark
1–2 Becher Naturjoghurt
Petersilie, Schnittlauch, fein gewiegt
Salz, Pfeffer

Kartoffeln pellen und in Scheiben schneiden, Schinken würfeln, Paprika entkernen und in Streifen schneiden. Lauch waschen und in Ringe schneiden, Zwiebeln und Knoblauch fein würfeln. Die genannten Zutaten schuppenförmig in eine gebutterte Auflaufform schichten. Sahne, Crème fraîche und Ei mit Schnittlauch und Gewürzen vermengen, über die Kartoffelmischung geben. Geriebenen Käse darüberstreuen. Im vorgeheizten Backofen bei 175 Grad etwa 30 Minuten backen.
Für die Joghurtsoße Sauerrahm, Knoblauch-Crème fraîche, Quark und Naturjoghurt glatt verrühren, mit Petersilie, Schnittlauch, Salz und Pfeffer abschmecken. Zum Kartoffelauflauf reichen.

Alexandra Gruber
Niederharter Straße 10 a, 94036 Passau-Schalding

Apfel-Kartoffel-Auflauf

750–1000 g Kartoffeln
500 g Äpfel
frische Küchenkräuter oder Kräutersalz
Pfeffer, Muskat, Salz
Butterflocken
1 Becher Sahne
2 Eier
1 EL Paprikapulver
150 g geriebener Käse

Kartoffeln weich kochen, pellen und in Scheiben schneiden. Äpfel nach Belieben schälen, Kernhaus entfernen und in Spalten schneiden. Kartoffeln und Äpfel abwechselnd in eine gefettete Auflaufform schichten und mit frisch gehackten Kräutern oder Kräutersalz, Pfeffer und Muskat würzen. Geriebenen Käse über die einzelnen Schichten verteilen. Sahne mit den Eiern verrühren und mit Paprikapulver würzen, dann über den Auflauf gießen. Butterflöckchen darauf verteilen. Im Backofen bei ca. 175 Grad 35–40 Minuten backen.

Christa Bauer
Kirchenstraße 14, 94424 Arnstorf

Bauernfrühstück

750 g Salatkartoffeln
80 g Speck, klein gewürfelt
125 g Schinkenwürfel
3 Eier
3 EL Milch
Salz
1/2 Bund Schnittlauch, klein geschnitten

Kartoffeln gründlich waschen und in der Schale gar kochen. Sofort abpellen, erkalten lassen, dann in Scheiben schneiden. Speck in einer Pfanne auslassen, die Kartoffelscheiben darin kroß anbraten, dann Hitze etwas zurücknehmen und weiterrösten. Eier mit Milch und Salz verquirlen, Schinkenwürfel und Schnittlauchröllchen zugeben. Die Eiermilch über die gebräunten Kartoffeln gießen und stocken lassen. Die Ofenplatte kann dabei schon ausgeschaltet werden. Die Kartoffeln in der Eiermasse einige Male wenden und zu Tisch geben, sobald die Eier gestockt sind.

Josef Raith
Thannberg, Bayerwaldstraße 7, 94169 Thurmansbang

Bauernsuppe

750 g Kartoffeln
500 g Weißkraut
ca. 1,5 l Fleisch- oder Gemüsebrühe
Salz, Pfeffer
100 g hell geräuchertes Wammerl
1/8 l Milch nach Belieben
30 g Butter
1–2 Zwiebeln, in Ringe geschnitten

Weißkraut putzen, waschen und in breite Streifen schneiden, in die kochende Brühe geben und 1/2 Stunde köcheln lassen. Inzwischen Kartoffeln schälen und in dicke Scheiben oder Würfel schneiden, zum Weißkraut geben. Das Geräucherte in Würfel schneiden und in einer Pfanne andünsten, dann ebenfalls zur Suppe geben. Nach einer Gesamtgarzeit von ca. 1 Stunde die Suppe abschmecken und nach Belieben mit Milch verbessern. Zwiebelringe in heißer Butter anrösten, Suppe damit anrichten.

Maria Lukas
Neuhausen, Prangerstraße 3, 94560 Offenberg

Bayerische Edelpilzkartoffeln

1 kg gekochte Kartoffeln
Salz, Pfeffer
1/2 TL Thymian
150 g Edelpilzkäse
1 Zwiebel, fein gehackt
2 Eigelb
ca. 1/4 l Milch
2 EL Sahne
Butter für die Form
Butterflöckchen

Kartoffeln pellen und in Scheiben schneiden, mit Salz, Pfeffer und Thymian würzen und in eine gefettete Auflaufform schichten. Edelpilzkäse zerkleinern, 100 g davon mit Zwiebeln, Milch, Eigelb und Sahne gut verrühren und über die Kartoffeln geben. Restlichen Käse mit Butterflöckchen über dem Auflauf verteilen. Im vorgeheizten Ofen bei guter Mittelhitze ca. 30 Minuten goldgelb backen.

Monika W. Spitzenberger
Schloßbergweg 13, 94113 Tiefenbach

Bayerische Stampfkartoffeln

1,5 kg mehlige Kartoffeln
350 g schwarzgeräuchertes Wammerl
1 große Zwiebel
Distelöl

Kartoffeln schälen und in reichlich Salzwasser gar kochen. In der Zwischenzeit Wammerl und Zwiebeln würfeln. Wammerl in heißem Distelöl knusprig auslassen, Zwiebelwürfel darin hellgelb rösten. Kartoffeln in einem großen Topf zusammen mit dem Wammerl und der Zwiebel-Öl-Mischung kräftig durchstampfen, bis das Öl vollständig von den Kartoffeln aufgesogen ist. Sofort servieren.

Ulrike Teinert
Bergring 7, 84389 Postmünster

Blechkartoffeln

1 kg Kartoffeln
etwas Butter zum Bestreichen
Sonnenblumenkerne
Sesam, grobes Salz
1 P. Kräuter-Frischkäse
1 Becher saure Sahne
Pfeffer
2 EL Schnittlauchröllchen

Gewaschene Kartoffeln mit der Schale längs halbieren. Schnittflächen mit Butter bestreichen. Auf ein mit Sonnenblumenkernen, Sesam und Salz bestreutes Blech legen. Bei 175 Grad ca. 50–60 Minuten backen. Kräuter-Frischkäse mit saurer Sahne verrühren, mit Pfeffer abschmecken und mit Schnittlauchröllchen bestreuen. Kräuter-Sahnedip zu den Kartoffeln reichen.

Helene Hieringer
Schäferstraße 12, 85748 Garching

Champignon-Kartoffel-Auflauf

750 g gekochte Kartoffeln
30 g Butter
3 Stangen Lauch
200 g Champignons
100 g Gouda, gerieben
Salz, Muskatnuß, weißer Pfeffer
2 Eigelb
1 Becher saure Sahne

Kartoffeln pellen und in Scheiben schneiden. Lauch und Champignons putzen, Lauch in Ringe, Champignons in Scheiben schneiden. Beides leicht in heißer Butter andünsten. Kartoffelscheiben, Pilze und Lauch abwechselnd schuppenförmig in eine gebutterte Auflaufform schichten. Geriebenen Gouda mit Eigelb und saurer Sahne zu einer Soße verrühren, mit Pfeffer, Salz und Muskatnuß abschmecken und über den Auflauf gießen. Im vorgeheizten Backofen bei 175 Grad ca. 40 Minuten backen.

Regina Murr
Ganharting 7, 94529 Aicha v. Wald

Kartoffelauflauf mit Schinken

750 g gekochte Kartoffeln
250 g Schinken
30 g Butter
Butter für die Form
2 Zwiebeln, fein gehackt
1 EL Petersilie
Salz, Pfeffer
3 Eier
4 EL Milch
100 g geriebener Käse
30 g Butterflocken

Kartoffeln pellen und in Streifen schneiden, Schinken in kleine Würfel schneiden. Zwiebeln und Petersilie in heißer Butter kurz andünsten, Schinkenwürfel zugeben. Abwechselnd Kartoffeln und Schinkenmischung in eine gefettete Auflaufform schichten. Im vorgeheizten Backofen bei 200 Grad ca. 15 Minuten anbacken. Milch mit Eiern verquirlen, mit Salz und Pfeffer würzen und über den Auflauf geben. Geriebenen Käse und Butterflocken darüber verteilen und nochmals ca. 15 Minuten backen.

Birgit Wimmer
Dietlsberg 5, 94405 Landau

Erdäpfelroulade mit Pilzen

500 g gekochte Kartoffeln
1 Ei
150 g Mehl
Salz

Fülle:
50 g Butter
1 gehackte Zwiebel
300 g Champignons oder andere Pilze
etwas Knoblauch
gehackte Petersilie
Salz
gemahlener schwarzer Pfeffer
2 EL Weißwein
4 EL Öl zum Bestreichen
Salzwasser
100 g in Butter geröstete Semmelbrösel

Kartoffeln fein reiben und abkühlen lassen, mit Ei, Mehl und Salz zu einem glatten Teig verkneten. Zwiebelwürfel in Butter andünsten, fein geschnittene Pilze zugeben, kurz durchrösten und mit Wein ablöschen. Zwiebel-Pilz-Masse würzen und 2 Minuten dünsten lassen, dann Petersilie beigeben und kalt stellen.
Kartoffelteig ausrollen, mit der Fülle bestreichen und fest einrollen. In eine mit Öl bestrichene Serviette binden, in leicht kochendes Salzwasser legen und 30 Minuten kochen lassen. Roulade aus der Serviette nehmen, in Scheiben schneiden und mit gerösteten Semmelbröseln bestreuen.

Agnes Mayerhofer

Franzosenkost

5 große, mehlig kochende Kartoffeln
2 große Zwiebeln
ca. 1/2 l Fleischbrühe
1 EL Petersilie, gehackt
Salz
30 g Butter
Suppenwürze

Grob zerkleinerte Zwiebeln in heißer Butter anbraten, in Scheiben geschnittene, rohe Kartoffeln zugeben und sofort mit heißer Fleischbrühe aufgießen. Kartoffeln sollen etwa zu einem Drittel mit Brühe aufgefüllt sein. Mit Salz, gehackter Petersilie und Suppenwürze abschmecken. Franzosenkost zugedeckt köcheln lassen und von Zeit zu Zeit vorsichtig umrühren, bis die Kartoffeln gar sind und mit der Flüssigkeit etwas abgebunden haben.

Karolina Kufner
Hengersberger Straße 96, 94469 Deggendorf

Gefüllte Kartoffelbällchen

800 g gekochte Kartoffeln
Salz
3 Eier
30 g geriebener Parmesankäse
geriebene Muskatnuß
1 Mozzarellakäse
2 Scheiben Mortadella
Paniermehl
Bratfett

Die heißen, gekochten Kartoffeln pellen und in einer Schüssel zu Brei zerstampfen. Salz, Eier, Parmesan und etwas geriebene Muskatnuß zufügen und abschmecken. Alles gut durcharbeiten und zu einem geschmeidigen Teig vermengen. Mortadella und Mozzarella in Stückchen schneiden. Aus dem Kartoffelteig kleine Bällchen formen, diese in der Mitte mit Mozzarellawürfeln und Mortadellastückchen füllen. Bällchen in Paniermehl wenden und in einer Pfanne mit reichlich Bratfett von allen Seiten goldbraun braten. Auf Küchenkrepp kurz abtropfen lassen.

Rosemarie Wallner
Hohenberg 9, 94469 Regen

Gemüse-Kartoffel-Auflauf

800 g Kartoffeln
4 Tomaten
2 grüne Paprikaschoten
150 g durchwachsener Speck
200 g Gouda
Salz, Pfeffer, Petersilie
$^1/_8$ l Sahne
4 Eier

Kartoffeln weich kochen, pellen und in Scheiben schneiden. Tomaten mit kochendem Wasser überbrühen, abschrecken, enthäuten und ebenfalls in Stücke schneiden. Paprikaschoten waschen, Kerngehäuse entfernen und Schoten dann in feine Streifen schneiden. Speck klein würfeln. Kartoffeln, Tomaten, Paprika und Speck in eine gebutterte feuerfeste Form schichten, mit Salz und Pfeffer würzen. Über jede Lage etwas grob geriebenen Käse verteilen. Sahne mit Eiern, Salz und Pfeffer verrühren und über den Auflauf geben. Im vorgeheizten Ofen bei 180 Grad ca. 35 Minuten backen. Mit Petersilie bestreut servieren.

Eva Osenstetter
Waldsiedlung 8, 84547 Emmerting

Gratinierte Kräuterkartoffeln

1 kg Kartoffeln
Salzwasser
40 g Butter
Butter für die Form
Butterflöckchen
35 g Mehl
1/8 l Weißwein
1/8 l Milch
1/8 l Hühnerbrühe oder Gemüsebrühe
je 1/2 TL Basilikum, Thymian, Majoran
je 1 MSP Pfeffer und Muskat
1 Bund Schnittlauch, klein gehackt
2 EL geriebener Käse

Die geschälten Kartoffeln in Scheiben schneiden, in kochendem Salzwasser aufkochen und abtropfen lassen. Aus Butter, Mehl, Wein, Milch und Brühe eine helle Einbrenne bereiten und mit den Gewürzen abschmecken. Soße ca. 5 Minuten köcheln lassen, dann den Schnittlauch unterrühren. Kartoffeln in eine gefettete Auflaufform schichten, die Soße darübergießen und die Kräuterkartoffeln mit Butterflöckchen besetzen. Im vorgeheizten Ofen bei ca. 200 Grad etwa 50 Minuten garen. Falls die Kartoffeln zu braun werden, mit Folie etwas abdecken. 10 Minuten vor Ende der Garzeit Folie entfernen und den geriebenen Käse über die Kräuterkartoffeln streuen und fertigbacken.

Franziska Wittmann
Haidenkofen 12, 94522 Wallersdorf

Großmutters Kartoffelbiskuit

4 Eier
200 g Zucker
1 P. Vanillinzucker
1 Prise Salz
3 Tropfen Zitronenbacköl
½ TL Zimt
250 g geriebene, gekochte Kartoffeln
125 g Speisestärke
1–2 EL Kakao
65 g gemahlene Mandeln

Eigelb mit 150 g Zucker und Vanillinzucker schaumig rühren. Gewürze zugeben und die fein geriebenen Kartoffeln untermengen. Eiweiß zu steifem Schnee schlagen und den restlichen Zucker einrühren. Eischnee auf die Eigelbmasse geben, das mit Kakao vermischte Stärkemehl und die gemahlenen Mandeln mit dem Eischnee vorsichtig unter die Eigelbcreme ziehen. Biskuitmasse in eine gefettete Kastenform füllen und bei 175 Grad etwa eine Stunde backen.

Karin Baumgartner
Lohbrück 24, 84329 Wurmannsquick

Kartoffel-Bismarck-Salat

500 g gekochte Kartoffeln
1 ungeschälter Apfel
2 hart gekochte Eier
100 g Hartkäse
2 Essiggurken
1 1/2 Becher Natur-Joghurt
2 EL Mayonnaise
Zitronensaft
Salz, Pfeffer
2 klein geschnittene
Bismarckheringe

Kartoffeln pellen und in Würfel schneiden. Äpfel, Eier, Hartkäse und Essiggurken ebenfalls in Würfel schneiden und mit den Kartoffeln locker vermischen. Joghurt mit Mayonnaise, Zitronensaft, Salz, Pfeffer und den klein geschnittenen Bismarckheringen vermengen. Soße vorsichtig unter den Kartoffelsalat heben. Etwa 1 Stunde durchziehen lassen.

Martha Heber
Bachstraße 13, Weihmörting, 94094 Rotthalmünster

Kartoffel-Cordon bleu

600 g gekochte,
durchgepreßte Kartoffeln
100 g Mehl
2 Eigelb
Salz, Muskat, Pfeffer
100 g Semmelbrösel
4 Scheiben Schinken
4 Scheiben Emmentaler
1 Ei zum Panieren
Fett zum Ausbacken
Zitronenscheiben
Petersilie zum Garnieren

Kartoffeln mit Mehl, Eigelb und Gewürzen zu einem Teig verkneten. Eine Rolle daraus formen und in vier gleich große Stücke teilen. Auf einem mit Mehl bestäubten Brett zu rechteckigen dünnen Flecken ausrollen. Mit je einer Käse- und einer Schinkenscheibe belegen, den Rand frei lassen. Die belegten Teigplatten zusammenklappen und am Rand fest andrücken. In Ei und Semmelbröseln wenden und im heißen Fett auf beiden Seiten goldgelb backen. Mit Petersilie und Zitronenspalten garniert reichen.

Annemarie Grünberger
Kreuzwiese, 94051 Hauzenberg

Kartoffel-Grütze-Plätzchen

1 kg Kartoffeln
¼ l Wasser
10 Frühlingszwiebeln
200 g Zwiebeln
100 g Karotten
120 g grüne Paprikaschoten
125 g feine Weizengrütze
(grob geschroteter Weizen)
2 EL frisch gehackte Petersilie
⅛ l Öl
1 EL Tomatenmark
2 EL getrocknete oder frische Pfefferminze
2–3 TL Rosenpaprikapulver
Salz
Saft einer Zitrone
2 Chicorée zum Dekorieren

Kartoffeln in der Schale gar kochen, pellen und mit einem Kartoffelstampfer zerstampfen. Grütze mit einem Viertelliter kochendem Wasser übergießen und zugedeckt ca. 15 Minuten quellen lassen. Karotten waschen, schaben und sehr fein raspeln. Zwiebeln schälen und raspeln oder reiben. Frühlingszwiebeln putzen und in dünne Ringe schneiden. Paprikaschoten waschen, entkernen und klein hacken. Karotten, Zwiebeln, Paprika und Frühlingszwiebeln in einer Pfanne mit Öl und einem Eßlöffel Tomatenmark vermischt ca. 10 Minuten dünsten.
Stampfkartoffeln, gequollene Grütze und Pfanneninhalt in eine große Schüssel geben und mit Petersilie, Pfefferminze und den Gewürzen zu einem Teig vermengen. Die Masse 5 Minuten zugedeckt ruhen lassen.
Dann mit angefeuchteten Händen aus dem Teig längliche Plätzchen formen. In heißem Öl kroß backen und auf den gewaschenen Chicoréeblättern anrichten. Nach Belieben mit Zitronensaft leicht beträufeln.

Dr. habil. G. Tunali
Leiterin der Ernährungswissenschaftlichen Beratung
Med. Klinik Passau der LVA Ndb./Opf.

Kartoffel-Spinat-Nockerl mit Kräutern

500 g fest kochende Kartoffeln
Salzwasser
100 g Spinat
1 EL Butter
175 g Emmentaler
1 Bund Petersilie
1 Bund Schnittlauch
1 TL Basilikum
2 Eigelb
75 g Mehl
Salz, weißer Pfeffer
1 Prise geriebene Muskatnuß
etwas Zitronensaft
Butter zum Einfetten der Form
Butterflöckchen

Kartoffeln schälen, waschen und in grobe Stücke schneiden. Im Salzwasser ca. 25 Minuten kochen. Spinat verlesen, waschen und grob hacken, dann in 1/2 EL Butter 5 Minuten dünsten. Kartoffeln abgießen, zerstampfen und restliche Butter zufügen.
Käse reiben, Kräuter waschen, trockenschütteln und fein schneiden. Kartoffeln, Spinat, Eigelb, 100 g Käse und Kräuter mischen. Mehl, Salz, Pfeffer, Muskat und Zitronensaft zufügen und alles gründlich durchkneten. Mit zwei Teelöffeln Nockerl vom Teig abstechen und in reichlich Salzwasser aufkochen. Wenn die Nockerl an der Oberfläche schwimmen, diese mit einer Schaumkelle herausnehmen und gut abtropfen lassen.
In eine gebutterte Auflaufform setzen und restlichen Käse darüberstreuen. Butterflöckchen darauf verteilen. Im Backofen bei Oberhitze überbacken oder grillen, bis der Käse zerlaufen ist.

Regina Feuchtgruber
Alzgern 154 1/2, 84524 Neuötting

Kartoffel-Tomaten-Pfanne

500 g Kartoffeln
1 fein gehackte Zwiebel
4 EL Olivenöl
5 Tomaten in Scheiben
Salz, Pfeffer, Oregano, Basilikum
1 Becher Sahne
1 Mozzarellakäse

Kartoffeln schälen und in sehr dünne Scheiben schneiden. Zwiebelwürfel in heißem Olivenöl andünsten, ebenso die Kartoffelscheiben. Tomaten zugeben und mit Salz, Pfeffer, Oregano und Basilikum nach Geschmack würzen. Einen Becher Sahne über die Kartoffel-Tomaten-Pfanne gießen und zugedeckt ca. 30 Minuten dünsten lassen. Den Mozzarellakäse in Scheiben schneiden, über die Pfanne verteilen und schmelzen lassen. Nach Belieben mit frisch gehackter Petersilie servieren.

Monika Maier
Fürstensteiner Straße 13 a, 94538 Fürstenstein

Erdäpfel mit Buchweizenfülle

6 möglichst gleich große mehlige Kartoffeln
100 g Buchweizen
1 Zwiebel
2 EL Butter
1/4 l Brühe
1 kleine Zucchini (100 g)
1 Karotte
Salzwasser
Fett für das Blech
Schnittlauch nach Belieben
100 g Emmentaler
Salz, Pfeffer, Majoran

Kartoffeln in der Schale weich kochen und ca. 10 Minuten zugedeckt stehen lassen. Mit der Schale der Länge nach halbieren und mit einem Löffel aushöhlen. Kartoffelmasse für die Fülle beiseite stellen. Erdäpfelhälften auf ein gefettetes Backblech stellen und Backrohr auf 180 Grad vorheizen.
Für die Fülle Buchweizen in einem Sieb abspülen. Zwiebel fein hacken und in Butter anschwitzen. Buchweizen zugeben, kurz mitrösten und mit Brühe aufgießen. Auf kleiner Flamme zugedeckt ca. 20 Minuten weich dünsten, dann Brühe abgießen und Buchweizen abtropfen lassen.
Karotte und Zucchini kleinwürfelig schneiden, in leicht gesalzenem Wasser bißfest kochen, abseihen und abtropfen lassen. Schnittlauch fein schneiden, Emmentaler klein würfeln. Schnittlauch, Emmentalerwürfel, Gemüse und die passierte Erdäpfelmasse mit dem abgekühlten Buchweizen vermengen und mit Salz, Pfeffer und Majoran würzen. Füllung in die Erdäpfelhälften geben und ca. 20 Minuten bei 175 Grad im Rohr backen.

Andrea Reitmeier
Kiefernstraße 1, 84508 Burgkirchen

Erdäpfel mit Buchweizenfülle ➛

Kartoffelcremesuppe

500 g Kartoffeln
2 Lorbeerblätter
3/4 l Gemüsebrühe
1/2 Becher Sahne
200 g geriebener Käse
Pfeffer, Salz, Muskatnuß
2 EL Schnittlauchröllchen

Lorbeerblätter, Zwiebelwürfel und Knoblauchzehen in die Gemüsebrühe geben und darin die geschälten, klein geschnittenen Kartoffeln ca. 30 Minuten garen. Suppe durch ein Sieb passieren oder im Mixer pürieren. Sahne zugeben und Suppe nochmals kurz erhitzen. Mit Pfeffer, Muskat und Salz abschmecken und vom Feuer nehmen. Geriebenen Käse zugeben, weiterrühren, bis er geschmolzen ist. Kartoffelcremesuppe mit Schnittlauchröllchen garnieren.

Bernadette Staudinger
Donaustraße 8, 94365 Reibersdorf

Kartoffelgratin

1 kg Kartoffeln
Salz, Pfeffer,
Muskat
60 g geriebener Parmesan
1 Becher Schlagsahne
Butter für die Form

Kartoffeln waschen, schälen und in dünne Scheiben hobeln, Auflaufform fetten. Kartoffelscheiben mit Salz, Pfeffer und Muskatnuß würzen und nicht zu dicht in die Auflaufform schichten. Sahne darübergießen, Gratin etwa 45 Minuten bei 200 Grad im Backofen backen. Parmesankäse darüberstreuen und weitere 10 Minuten backen.

Heidi Bartz
Lindacher Straße 36, 84489 Burghausen

Kartoffeldressing für Blattsalate

40 g geräucherter Schweinebauch
300 g Zwiebeln
20 g Distelöl
150 g heiße, gekochte Kartoffeln
50 g Balsamikaessig
50 g Distelöl
Salz, Pfeffer
2 EL Schnittlauchröllchen
1 EL Majoran, frisch gehackt

Gekochte Kartoffeln heiß pellen, durch die Presse drücken oder passieren. Zwiebeln und Schweinebauch fein würfeln, in Distelöl etwas anrösten. Kartoffeln mit Essig und 50 g Distelöl, Salz, Pfeffer, Schnittlauch und Majoran vermengen. Speck-Zwiebel-Mischung zugeben und alles glatt verrühren.
Das warme Kartoffeldressing schmeckt besonders zu Feldsalat, Eichenblatt-, Endivien-, Frisée- und Bataviasalat.
Die Blattsalate waschen, abtropfen lassen und in tiefen Tellern oder in einer Schüssel anrichten und mit dem lauwarmen Dressing löffelweise begießen. Mit frischgehackten Kräutern bestreut servieren.

Martha Mauerer
Leithen 16, 94086 Griesbach i. Rottal

Kartoffelgulasch

1 kg Kartoffeln
40 g Fett
40 g kleinwürfelig geschnittener Speck
250 g gehackte Zwiebeln
2–3 klein gehackte Knoblauchzehen
je $^{1}/_{2}$ rote, gelbe und grüne Paprikaschote
2 Tomaten
Salz, Pfeffer
20 g Paprika
Kümmel, Majoran
2 EL Essig, 2 EL Wasser
ca. 1 l Fleischbrühe
etwas gehackte Petersilie
etwas Sauerrahm

Paprikaschoten von Kernen befreien und in Streifen schneiden. Tomaten würfelig schneiden. Speck in heißem Fett leicht glasig rösten, Zwiebel- und Knoblauchwürfel darin goldgelb braten. Mit Paprika, Kümmel und Majoran nach Belieben würzen, dann mit etwas Essig und Wasser ablöschen. Die würfelig oder blättrig geschnittenen rohen Kartoffeln zugeben, ebenso die Paprikaschoten und die Tomaten. Das Gericht salzen, pfeffern und mit Fleischbrühe knapp auffüllen. Kartoffelgulasch zugedeckt weich dünsten. Nach Belieben mit gehackter Petersilie und einigen Eßlöffeln Sauerrahm servieren.

Luise Schurm
Gotting 1, 94107 Untergriesbach

Kartoffelkrapfen

400 g mehlige Kartoffeln
100 ml Milch
20 g Butter
Salz, Pfeffer, Muskat
50 g Mehl
2 Eier
Butterschmalz oder
Öl zum Backen

Kartoffeln schälen, in Salzwasser weich kochen, dann abgießen und abdampfen lassen. Milch mit Butter, Salz, Pfeffer und Muskat aufkochen. Mehl unterrühren und aufkochen lassen, bis ein fester Brei entstanden ist. Eier nach und nach unterrühren. Kartoffeln durch eine Presse drücken und unterrühren. Von der Masse mit einem Eßlöffel Nocken abstechen und in heißem Fett schwimmend goldbraun ausbacken. Auf Küchenkrepp abtropfen lassen und nach Geschmack mit etwas Salz bestreut servieren.

Karin Kagerer
Stadl 3, 84337 Schönau

Kartoffelkuchen

200 g roh geraspelte Kartoffeln
50 g geraspelte Schokolade
125 g Butter
100 g Zucker
1 P. Vanillinzucker
1 Prise Salz
$^1/_2$ TL Zimt
3 Eier
75 g gemahlene Nüsse
150 g Mehl
1 TL Backpulver
4 EL Milch

Weiche Butter mit Zucker und Eiern zu einer Schaummasse rühren. Kartoffelraspeln, Vanillinzucker, Zimt und Salz zufügen. Mehl mit Backpulver vermischt, Nüsse, Schokolade und eventuell Milch unterrühren. Teig in eine gefettete, gebröselte Kastenform füllen und bei 175 Grad etwa 50 Minuten backen.

Johanna Reitbauer
Abtschlag

Kartoffelpflanzerl

800 g mehlige gekochte Kartoffeln
50 g durchwachsener Speck
2 große Zwiebeln
100 g Weizenmehl oder Vollkornmehl
2 Eier
1 TL Salz
1 MSP weißer Pfeffer
$^1/_2$ TL getrockneter oder
2 TL frischer, gehackter Majoran
5 EL Semmelbrösel
3 EL Öl

Speck in Würfel schneiden, Zwiebeln schälen und fein hacken. Speck in einer Pfanne ausbraten, die Zwiebeln darin glasig werden lassen. Kartoffeln reiben oder durch eine Kartoffelpresse drücken und mit der Speck-Zwiebel-Masse mischen. Mehl, Eier, Salz, Pfeffer und Majoran unter die Kartoffelmasse mengen und alles zu einem geschmeidigen Teig verarbeiten. Aus der Kartoffelmasse ca. 2 cm dicke Pfanzerl formen mit etwa 5 cm Durchmesser.
In Semmelbröseln wenden und in heißem Öl von jeder Seite knusprig braun braten.

Anita Klinglbrunner
Breitenbach 10, 84378 Dietersburg

Kartoffelstrudel mit Spinatfülle

400 g mehlige Kartoffeln
200 g Mehl
Salz
Muskat
2 Eidotter
50 g weiche Butter

Fülle:
3 Eßlöffel Butter
2 EL Petersilie, gehackt
Pfeffer, Salz
1 kleine Zwiebel, gehackt
300 g Spinat
1 Ei

Kartoffeln kochen, pellen und durch eine Kartoffelpresse drücken. Mit Mehl, Eidottern, Butter, Salz und Muskat zu einem glatten Teig verarbeiten. Teig ca. 5 mm dick ausrollen. Für die Fülle Zwiebelwürfel in der heißen Butter glasig andünsten, Petersilie zufügen, ebenso den blanchierten, gehackten Spinat. Mit Salz und Pfeffer würzen, dann etwas abkühlen lassen. Ein Ei unterrühren und die Fülle anschließend auf den ausgerollten Kartoffelteig streichen. Ränder einschlagen, Strudel aufrollen und auf ein gefettetes Blech legen. Oberfläche mit Eiresten bestreichen, Strudel im Backofen bei mittlerer Hitze ca. 30 Minuten goldgelb backen. Noch warm in Scheiben schneiden und als Vorspeise – oder mit Salat als Hauptspeise – servieren.

Maria Groß
Bahnhofstraße 13, 94508 Schöllnach

Kartoffelschnitzel

1 kg Kartoffeln
1 Ei
150 g hellgeräuchertes Wammerl
Mehl nach Bedarf
Salz
Fett zum Braten
1 Zwiebel

Kartoffeln kochen, schälen und noch heiß durch die Kartoffelpresse drücken, dann abkühlen lassen. Zwiebeln hacken, Wammerl in kleine Würfel schneiden und zur Kartoffelmasse geben. Mit Ei, Salz und Mehl nach Bedarf zu einem Teig verarbeiten. Aus dem Teig ovale Schnitzel formen und in heißem Fett goldbraun braten.

Maria Einhell
Kehrwischinger Straße 1, 94474 Vilshofen

Kartoffelsuppe

500 g würfelig geschnittene Kartoffeln
1 EL Butterschmalz
1 Stange Lauch
1 Zwiebel
½ Sellerieknolle
1 große Karotte
Salz, Pfeffer
1 EL mittelscharfer Senf
ca. 1 l Brühe zum Aufgießen
½ Bund Petersilie, gehackt
1 Becher Crème fraîche

Lauch, Sellerie und Karotte waschen, putzen und klein schneiden, Zwiebel würfeln. Fett erhitzen und Suppengemüse kurz darin anbraten, Kartoffelwürfel zufügen. Mit Brühe ablöschen und im geschlossenen Topf 20–30 Minuten garen. Topfinhalt mit Schneebesen oder Pürierstab zerkleinern und mit Salz, Pfeffer und Senf abschmecken. Kartoffelsuppe portionsweise in Teller verteilen und in die Mitte jeweils einen Löffel Crème fraîche geben. Mit Petersilie bestreuen.

Helga Merker
Ritzmais 38, 94253 Bischofsmais

Kartoffeltorte

250 g Kartoffeln
50 g Rosinen
1 Likörglas Rum
50 g Orangeat
4 Eier
200 g Zucker
1 Prise Salz
abgeriebene Schale einer Zitrone
25 g Speisestärke
1 P. Backpulver
75 g Mehl
125 g geriebene Haselnüsse
Semmelbrösel und Fett für die Form

Guß:
200 g Puderzucker
2 EL Wasser
2 EL Rum

Kartoffeln am Vortag kochen, pellen und durch eine Presse drücken. Rosinen mit Rum begießen und quellen lassen, Orangeat fein hacken. Eier mit Zucker, Salz und Zitronenschale schaumig rühren. Mehl mit Speisestärke und Backpulver mischen, mit Haselnüssen und Kartoffeln zur Schaummasse rühren. Getränkte Rosinen und Orangeat unterheben. Eine Springform fetten und ausbröseln. Teig in die Form einfüllen und im vorgeheizten Backofen auf der mittleren Schiene bei ca. 175 Grad etwa 50 Minuten backen. Danach in der Form 10 Minuten abkühlen lassen. Auf ein Kuchengitter setzen und mit dem Zuckerguß aus Puderzucker, Wasser und Rum überziehen.

Anna Müller
Lohe 6, 84385 Egglham

Käse-Kartoffel-Küchlein

1 kg Kartoffeln
100 g geriebener Emmentaler
Petersilie
Salz, Pfeffer
2 Eier
Mehl nach Bedarf
Fett zum Backen

Kartoffeln in Salzwasser kochen, pellen und noch heiß durch die Kartoffelpresse drücken. Käse, fein gehackte Petersilie, Salz und Pfeffer zugeben. Mit etwas Mehl zu einem glatten Teig verarbeiten. Eine Rolle daraus formen, Scheiben abschneiden und zu Küchlein formen. Im heißen Fett goldgelb backen.

Maria Kronschnabl
Kleinloitzenried 2, 94259 Kirchberg

Kümmelweckerl

400 g gekochte Kartoffeln, gerieben
ca. 1 kg Mehl
4 TL Salz
5 TL gemahlener Kümmel
2 Würfel Hefe
2 TL Zucker
ca. 1/2 l lauwarme Milch
1 Ei zum Bestreichen
nach Belieben Kümmel oder grobes Salz zum Bestreuen

Aus Mehl, Kartoffeln, Hefe, Milch und Gewürzen einen geschmeidigen Hefeteig bereiten und an einem warmen Ort gehen lassen. Mit einem Eßlöffel kleine Weckerl vom Teig abstechen, ausformen und auf ein mit Backpapier belegtes Backblech setzen. Weckerl mit einem verquirlten Ei bestreichen und mit Kümmel oder grobem Salz bestreuen. Bei 175 Grad ca. 30–40 Minuten backen.

Edeltraud Maier
Steingartenweg 4, 84364 Asenham

Maultaschen mit Sauerkrautfülle

400–500 g gekochte Kartoffeln (Vortag)
1–2 Eiweiß
180 g Dinkelgrieß
Salz
250 g Sauerkraut, gekocht
100 g Ananasstücke nach Belieben
etwas Frühlingsquark zum Bestreichen

Gekochte Kartoffeln reiben, mit Eiweiß, Salz und Dinkelgrieß zu einem Teig verarbeiten. Aus dem Kartoffelteig eine Rolle formen, diese in vier Stücke teilen und jedes ca. 1 cm dick auswellen. Teigflecke mit Sauerkraut und Ananasstücken belegen, zusammenklappen und die Enden fest andrücken. Mit Frühlingsquark bestreichen, dann mit einer Schaufel auf das gefettete Backblech legen. Bei 200 Grad etwa 30 Minuten backen. Nach halber Backzeit nochmals mit Frühlingsquark bestreichen.

Gertraud Mayerhofer
Gabingerweg 3, 94081 Fürstenzell

Mohn-Fingernudeln

600 g mehlige Kartoffeln
50 g Butter
200 g Mehl
50 g Grieß
2 Eigelb
Salz
Salzwasser

zum Bestreuen:
60 g Butter
120 g gemahlener Mohn
4 EL Puderzucker

Kartoffeln in der Schale weich kochen, pellen und noch heiß durch die Presse drücken. Mit Mehl, Grieß, Butter, Eigelb und Salz zu einem glatten Teig verarbeiten, kurz ruhen lassen. In einem großen Topf reichlich Salzwasser zum Kochen bringen. Teig auf einer bemehlten Arbeitsfläche zu daumendicken Rollen formen und davon nußgroße Teile abschneiden. Teilchen zu spitz auslaufenden, dicken Nudeln ausformen. Die Nudeln in leicht kochendem Salzwasser ca. 6 Minuten garen.
Butter in einer Pfanne erhitzen, Mohn darin kurz durchrösten. Nudeln mit einem Schaumlöffel aus dem Wasser heben, gut abtropfen lassen und in der Mohnbutter wälzen. Vor dem Servieren Mohnnudeln mit dem Puderzucker bestäuben.

Maria Bauer
Stadt-Au 34, 94469 Deggendorf

Mostkartoffeln

4 große, mehlig kochende Kartoffeln
3 EL Butter
4 mittelgroße Zwiebeln
1 Lorbeerblatt
Salz, Pfeffer
ca. 1/2 l Most oder Weißwein
1 TL Stärkemehl
gehackte Petersilie oder Schnittlauchröllchen

Zwiebeln würfelig schneiden und in der heißen Butter rasch andünsten. Kartoffeln schälen, in 1/2 cm dicke Scheiben schneiden und mit Salz, Pfeffer und dem Lorbeerblatt zu den Zwiebeln geben. Mit Most oder Wein aufgießen, bis die Kartoffeln knapp bedeckt sind. Kartoffeln im geschlossenen Topf sanft garen lassen. Während der gesamten Kochzeit sollten sie mit Most bedeckt sein, deshalb ab und zu nachsehen und nötigenfalls nachgießen.
Kartoffeln mit einem Schaumlöffel aus dem Topf heben und in einer Schüssel anrichten, warm stellen. Die Most- oder Weinsoße noch einmal aufkochen lassen, eventuell mit einem Teelöffel angerührtem Stärkemehl binden und heiß über die Kartoffeln gießen. Mit fein gehackter Petersilie oder Schnittlauchröllchen servieren.

Gertrud Lachner
St. Johannser Straße 20 a, 84489 Burghausen

Pikanter Kartoffelsalat

1 kg Salatkartoffeln
4 gekochte Eier
$^1/_2$ Glas Gurkenhappen (ca. 200 g)
3–4 EL Salatmayonnaise
$^1/_2$ Becher Schmand (Sauerrahm)
2 EL Meerrettich
1 klein gehackte Zwiebel
1–2 Äpfel in kleinen Würfeln
1 TL Salz
Pfeffer

Kartoffeln kochen, pellen, in dünne Scheiben schneiden. Hartgekochte Eier pellen, in Achtel teilen. Gurkenhappen klein schneiden. In einer großen Schüssel Kartoffelscheiben mit Apfelwürfeln, Gurkenhappen und Eiern mischen. Salatmayonnaise mit Schmand, Meerrettich, Zwiebelwürfeln und Kräutern verrühren, über die Salatzutaten geben und locker unterheben. Kartoffelsalat etwas ziehen lassen und bei Bedarf etwas Brühe oder Wasser zufügen.

Maria Machhaus
Hinterwollaberg 2, 94118 Jandelsbrunn

Powidl-Tascherl

500 g Kartoffeln
2 Eier
1 Prise Salz
Mehl nach Bedarf
Powidl oder Zwetschgenmarmelade als Füllung
Salzwasser zum Kochen
150 g Butter
100 g Semmelbrösel
etwas Zucker

Kartoffeln am Vortag kochen, am nächsten Tag die gekochten Kartoffeln pellen und auf dem Nudelbrett zerdrücken oder durchpressen. Inzwischen in einer Pfanne Semmelbrösel mit 100 g Butter goldgelb rösten.
Kartoffeln mit Eiern, Salz und Mehl nach Bedarf durchkneten, bis der Teig nicht mehr klebt. Anschließend Teig 1/2 cm dick auswellen und mit einem Teigrädchen in Quadrate schneiden (7 × 7 cm). In die Mitte dieser Quadrate 1/2 TL Powidl- oder Zwetschgenmarmelade setzen. Quadrate zu dreieckigen Täschchen zusammenlegen. Ränder gut andrücken, damit beim Kochen die Marmelade nicht ausläuft.
Tascherl portionsweise in kochendem, leicht gesalzenem Wasser garen, bis sie an der Oberfläche schwimmen. Dann mit einem Schaumlöffel herausnehmen und abtropfen lassen. In den gerösteten Semmelbröseln mehrmals wenden. Vor dem Servieren Powidl-Tascherl mit Zucker und der restlichen flüssigen Butter beträufeln.

Friedrich Janitschek
Kapellenweg 23, 94447 Plattling

Reiberdatschi mit Quark

1 kg große Kartoffeln
250 g magerer, trockener Quark
1 Ei
1 Zwiebel, fein gehackt
Salz, Pfeffer
Petersilie oder Küchenkräuter nach Geschmack
etwas Joghurt oder Sauerrahm
Fett zum Backen

Kartoffeln reiben und ausdrücken. Quark, Ei und Zwiebelwürfel untermengen. Mit Salz, Pfeffer, Petersilie oder Küchenkräutern und Joghurt oder Sauerrahm abschmecken. Mit einem Eßlöffel kleine Portionen abstechen und diese in heißem Fett in der Pfanne knusprig backen.

Anna Heindl
Gabelsbergerstraße 9, 94032 Passau

Ritas Pichelsteiner-Eintopf

1200 g Kartoffeln
5 mittelgroße gelbe Rüben
250 g Gulaschfleisch
1 große Zwiebel
1 EL Butterschmalz
1 Suppenwürfel
ca. 1 l Wasser
1 Becher Sahne
Essig, Thymian, Petersilie
Salz, Majoran, Pfeffer, Kümmel

In einem großen Topf Butterschmalz erhitzen, darin die würfelig geschnittene Zwiebel glasig andünsten. Gulaschfleisch zufügen und anbraten, dann die geschälten, gewürfelten Kartoffeln und die in Scheiben geschnittenen gelben Rüben zufügen. Eintopf mit Wasser auffüllen und Suppenwürfel zugeben. Das Gemüse soll während der Garzeit mit Wasser bedeckt sein. Nach ca. 40 Minuten Sahne zugeben, mit den Gewürzen und Geschmackszutaten abschmecken und noch einmal aufkochen lassen.

Rita Wagner
Harmering 63, 94535 Egging am See

Saures Kartoffelgemüse

1 kg gekochte Kartoffeln
30 g Fett
1 EL Mehl
1 TL Zucker
1 fein gewürfelte Zwiebel
½ l Fleischbrühe
1 Lorbeerblatt
1 Nelke
3 Wacholderbeeren
Salz, Essig nach Belieben
250 g Rindfleisch oder Fleischwurst
2–3 Essiggurken

Aus Fett, Mehl, Zucker und Zwiebelwürfeln eine helle Einbrenne zubereiten, mit Brühe aufgießen. Lorbeerblatt, Nelke und Wacholderbeeren darin ca. 15 Minuten kochen lassen. Gewürze nun entfernen und Soße mit Salz und Essig abschmecken. Gewürfelte Kartoffeln, Rindfleisch oder Fleischwurst nach Belieben und die klein gewürfelten Essiggurken zugeben. Kartoffelgemüse noch einmal aufkochen lassen und heiß servieren.

Gaby Störle
Deggendorfer Straße 45, 94554 Moos bei Plattling

Schepperlinge

400 g Kartoffeln
2 Semmeln
Milch zum Einweichen
2 Eier
50 g Speck
Butter zum Bestreichen

Rohe Kartoffeln schälen und reiben. Semmeln in der Milch einweichen, ausdrücken und zerkleinern. Mit den geriebenen Kartoffeln und den Eiern gut vermengen. Ein Kuchenblech mit Speck ausstreichen. Aus dem Kartoffelteig kleine, runde Fladen formen und auf das Blech setzen. Bei 200 Grad ca. 20 Minuten backen. Die heißen Schepperlinge mit Butter bestreichen und sofort zu Tisch bringen.

Wally Gau
Andreasstraße 8, 94072 Bad Füssing

Schopperla

1 kg rohe Kartoffeln
$^{1}/_{2}$ kg gekochte Kartoffeln
Salzwasser
4 Eier
200 ml Sahne
Salz, Muskat
Butter für die Form

Rohe Kartoffeln schälen und reiben, das sich bildende Wasser auffangen und ca. 10 Minuten stehen lassen. Danach vorsichtig abgießen und die Kartoffelstärke, die sich gebildet hat, für den Teig verwenden.
Gekochte Kartoffeln pellen, fein reiben oder durchpressen und zu den rohen Kartoffeln geben, Kartoffelstärke zufügen. Mit Salz und Muskat abschmecken, Zutaten gut vermengen und aus diesem Teig daumendicke Fingernudeln formen. Nudeln in Salzwasser kochen, bis sie oben schwimmen, dann sofort herausnehmen.
Eier und Sahne miteinander verquirlen. Schichtweise nun abwechselnd Kartoffelnudeln und Eiermilch in eine gefettete Auflaufform füllen und im vorgeheizten Backofen bei ca. 200 Grad backen, bis die Eiermilch gestockt ist.

Hannelore Frank
Dr.-Schott-Straße 59, 94227 Zwiesel

Hüttenbrot

375 g gekochte Kartoffeln, durchgepreßt oder gerieben
1 kg Mehl
2 TL Salz
1 P. Hefe
Milch nach Bedarf
1 Eigelb zum Bestreichen
Mohn, Sesam oder grobes Salz zum Bestreuen

Aus Mehl, Kartoffeln, Salz, Hefe und Milch einen Hefeteig bereiten. Kartoffel-Hefeteig ca. 30 Minuten an einem warmen Ort gehen lassen. Nochmals durcharbeiten, dann etwa 20 Kugeln daraus formen. Diese dicht aneinander kreisförmig auf ein gefettetes oder mit Backpapier belegtes Blech setzen. Nochmals ca. 20 Minuten gehen lassen. Ein Eigelb mit etwas Salz und Wasser verrühren und die Brote damit bestreichen. Nach Belieben mit Mohn, Sesam oder grobem Salz bestreuen. Bei 200 Grad etwa 30 Minuten backen.

Elke Mühlbauer
Lateinschulgasse 17, 94469 Deggendorf

Süß-saures Kartoffelgemüse

ca. 1 kg Kartoffeln
4 gelbe Rüben
30 g Fett
1 Zwiebel
$^1/_4$–$^1/_2$ l Gemüsebrühe
Essig, Zucker, Pfeffer,
Majoran, Schnittlauch, Petersilie
4 Eßlöffel Rahm

Zwiebel würfeln und in heißem Fett glasig dünsten. In Scheiben geschnittene gelbe Rüben kurz mitdünsten. Geschälte Kartoffeln in Stücke schneiden und zu den gelben Rüben geben. Mit Brühe aufgießen und während des Garens ab und zu durchmischen. Mit Essig, Zucker, Pfeffer, Majoran, Petersilie und Schnittlauch abschmecken. Zum Schluß mit Rahm verfeinern.

Theresia Gaishauser
Straßhäuseln 40, 84307 Eggenfelden

Süßer Kartoffelauflauf

750 g kalte, gekochte Kartoffeln
1 EL Zucker
3 EL Grieß
1 Ei
Salz
Butter für die Form

Fülle:
ca. 750 g eingekochte Zwetschgen,
Äpfel oder Heidelbeeren

Streusel:
150 g Butter
75 g Zucker
75 g Mehl
etwas Zimt

Kartoffeln reiben und mit Zucker, Salz, Grieß und Ei zu einem Kartoffelteig verarbeiten. Auflaufform mit Fett bestreichen, den Teig in Viertel teilen und jeweils in Größe der Form ausrollen. Form mit einer Teigplatte auslegen, darauf eine Schicht eingekochtes Obst füllen. Den Vorgang wiederholen, bis die Auflaufform mit vier Schichten Teig und drei Schichten Obst gefüllt ist. Aus den angegebenen Zutaten Streusel zubereiten und diese über den Auflauf streuen. Bei mittlerer Hitze ca. 1 Stunde backen.

Berta Arweck
Sicking, 94571 Schaufling

Vilstaler Bruckbam

1 kg gekochte Kartoffeln (Vortag)
2 Eier
1 1/2 TL Salz
etwas Majoran
Pfeffer
frisch gehackte Petersilie
150 g Mehl
50 g Fett
3 mittelgroße Zwiebeln, klein gewürfelt
100 g Butterschmalz für die Reine

Fett in einer Pfanne erhitzen und die klein gewürfelten Zwiebeln darin glasig dünsten, beiseite stellen. Kartoffeln pellen und fein reiben. Eier, Salz, Gewürze und Mehl unter die Kartoffelmasse mischen, zum Schluß die angedünsteten Zwiebeln untermengen. Kartoffelteig gut durcharbeiten, dann Rollen formen und in die gut gefettete Reine legen. Bei guter Mittelhitze ca. 30 Minuten backen.

Irmgard Schweikl
84359 Haunersdorf

Wespennester

600 g mehlige Kartoffeln (am Vortag gekocht)
1 Ei
Salz
200 g Mehl

Füllung:
6 mittelgroße, säuerliche Äpfel
100 g Rosinen
Grieß nach Bedarf
Zucker nach Geschmack
etwas zerlassene Butter
100 g Sauerrahm

Die gekochten Kartoffeln pellen und fein reiben, Mehl, Ei und Salz hinzugeben und alles zu einem glatten Teig kneten. Auf der bemehlten Arbeitsfläche Teig nicht zu dünn auswellen und mit zerlassener Butter und Sauerrahm bestreichen. Etwas Grieß darüberstreuen. Äpfel klein schneiden und mit Rosinen vermischt auf die Teigplatte verteilen. Mit wenig Zucker bestreuen. Teig von der breiteren Seite her wie einen Strudel aufrollen. In ca. 4 cm breite Scheiben schneiden und die „Nester" aufrecht in eine mit zerlassener Butter gefettete Bratreine setzen.
Bei 180 Grad etwa 45–60 Minuten im Rohr braun backen. Nach halber Backzeit nochmals mit Butter und etwas Sauerrahm bestreichen. Statt der Rosinen können auch frische Heidelbeeren verwendet werden.

Renate Hackl
Pasterwitzweg 9, 94078 Freyung

Zwetschgen-Reinstöckel

1 kg Kartoffeln
200–300 g Mehl
1–2 Eier
1 TL Salz

Fülle:
ca. 500 g Zwetschgen
Zimtzucker nach Geschmack
1 Becher saure Sahne

Guß:
1 Becher süße Sahne
etwas Zucker
Butterschmalz für die Reine

Kartoffeln am Vortag kochen, pellen und fein reiben. Mit Ei, Salz und Mehl zu einem geschmeidigen Teig verkneten. Teig etwa 1/2 cm dick zu einer Platte ausrollen und mit Sauerrahm bestreichen. Zwetschgen waschen, entkernen, halbieren und auf dem Teig verteilen. Mit Zimtzucker bestreuen.
Teigplatte vorsichtig aufrollen und in etwa 5 cm breite Stücke schneiden. Eine Reine dick mit Butterschmalz auspinseln und die Stücke hochkant hineinstellen (wie Schneckenhäuser). Im Backofen bei ca. 175 Grad 35 Minuten backen. Sahne über die Reinstöckel verteilen und weitere 10 Minuten backen, bis sie goldbraun sind.

Annemarie Hundsberger
Amanstraße 26, 94469 Deggendorf

Zwiebelmaultaschen

1 kg Kartoffeln
150–200 g Weizen- oder Vollkornmehl
1 Ei
Salz
Muskat

Füllung:
5 große Zwiebeln
150 g Speck
1 Bund Petersilie
Salz, Pfeffer
200 g Sauerrahm
Butterflöckchen

Die Kartoffeln waschen, in der Schale kochen. Heiß schälen und durch die Presse drücken. Ausgebreitet abkühlen lassen. In der Zwischenzeit für die Füllung die Zwiebeln schälen und klein würfeln. Speck in kleine Würfel schneiden, in einer Pfanne auslassen und Zwiebelwürfel darin goldgelb andünsten. Petersilie waschen, trockenschütteln und fein hacken. Mit dem Sauerrahm zur Zwiebel-Speck-Masse geben. Zwiebelfülle mit Salz und Pfeffer abschmecken.
Die abgekühlten Kartoffeln mit Mehl, Ei, Salz und etwas Muskatnuß zu einem geschmeidigen Teig verarbeiten. Den Kartoffelteig zu einer Rolle formen, dicke Scheiben davon abschneiden und diese auf einer bemehlten Arbeitsfläche handtellergroß und ca. $^{1}/_{2}$ cm dick ausrollen. Die Zwiebelfülle auf den Kartoffelflecken verstreichen, diese aufrollen und in eine gefettete Auflaufform setzen. Butterflöckchen darauf verteilen. Im vorgeheizten Backofen bei ca. 200 Grad 45 Minuten backen.

Brigitte Rammelsberger
St.-Martins-Straße 26, 94405 Reichersdorf

Zwiebelspatzen

1 kg rohe Kartoffeln
500 g gekochte, durchgepreßte Kartoffeln
$^{3}/_{8}$ l kochendes Wasser
Salz
4 große Zwiebeln
200 g geräucherter Bauchspeck
1 $^{1}/_{2}$ l Fleischbrühe

Rohe Kartoffeln schälen, reiben, fest ausdrücken und sofort mit kochendem Wasser überbrühen, abseihen. Rohe Kartoffelmasse salzen und mit den gekochten Kartoffeln gut vermengen. Mit feuchten Händen aus dem Teig längliche Spatzen formen und diese in kochender Fleischbrühe ca. 20 Minuten ziehen lassen. Speck und Zwiebeln in kleine Würfel schneiden und in einer Pfanne hellgelb rösten. Spatzen aus der Brühe nehmen und mit der Speck-Zwiebel-Mischung servieren. Nach Belieben etwas Brühe darübergießen.

Roswitha Friedrich
Kreuzbach 1, 94542 Haarbach

Vollkorn

Gemüsepizza ➛

Gemüsepizza

Teig:
240 g Weizenvollkornmehl
20 g Hefe
ca. 150 ml Wasser
1/2 TL Salz
1 EL Öl

Belag:
1 Paprikaschote
3 Tomaten
1 kleine Zucchini
200 g Champignons
1 kleine Stange Lauch
1 große Zwiebel
1 kleine Dose Mais nach Belieben
1 EL Butter
5 EL passierte Tomaten oder Tomatenketchup
1 EL Öl
200 g geriebener Käse
Pfeffer, Paprika
Knoblauch, Basilikum, Oregano

Aus Mehl, Hefe, Wasser, Salz und Öl einen Hefeteig herstellen und 30 Minuten warm gehen lassen. Den Teig nochmals durchkneten, ausrollen und auf ein gefettetes Backblech legen. Paprikaschote, Champignons, Tomaten, Zucchini und Lauch waschen, putzen und in Streifen schneiden. In etwas Butter leicht andünsten. Aus den passierten Tomaten oder dem Tomatenketchup, dem Öl und den Gewürzen eine Paste rühren und diese auf dem Hefeteig verstreichen. Das gemischte Gemüse und nach Belieben den abgetropften Mais aus der Dose darauf verteilen. Bei 180 Grad 20 Minuten backen, dann den Käse auf die Pizza verteilen und weitere 10 Minuten backen.

Monika Moser
Dompropst-Pichler-Straße 9, 84364 Bad Birnbach/Asenham

Aprikosen-Marmorkuchen mit Dinkel

250 g Butter
250 g brauner Zucker
1 Vanillinzucker
4 Eier
1 TL Zitronenschale
500 g fein gemahlener Dinkel
1 Weinsteinbackpulver
$^1/_8$ l Milch
200 g Aprikosen
Saft und Schale einer halben Orange
75 g gemahlener Mohn
Kuvertüre

Aus Butter, Zucker, Vanillinzucker und Eiern eine Schaummasse rühren. Mit Backpulver vermischtes Dinkelmehl, Milch und Zitronenschale zugeben. Rührteig in zwei Hälften teilen. Die Aprikosen waschen, entkernen und pürieren. Aprikosen mit $^1/_2$ TL Orangenschale in die eine Teighälfte mischen. Den Mohn mit Orangensaft in die zweite Teighälfte rühren. Erst den helleren, dann den dunkleren Teig in eine gefettete Kranz- oder Napfkuchenform füllen. Eine Gabel spiralförmig durch die Teigschichten ziehen, damit ein Marmormuster entsteht. Kuchen bei 175 Grad etwa 1 Stunde backen. Nach Belieben mit Kuvertüre verzieren.

Renate Raffer
Am Nußbach 24, 94244 Teisnach

Aprikosentorte

Teig:
200 g Weizenvollkornmehl
75 g brauner Rohrzucker
1 Prise Salz
1 TL Backpulver
125 g Butter
1 Ei

Belag:
1 kg Aprikosen
30 g gemahlene Mandeln
3 Eier
3 EL Honig
1 EL Speisestärke
$^1/_2$ TL Lebkuchengewürz
200 g Sahne
30 g Mandelblättchen

Aus den angegebenen Teigzutaten einen Mürbteig bereiten. Teig in eine Folie wickeln und im Kühlschrank 1 Stunde ruhen lassen. Boden und Rand einer Springform mit dem ausgerollten Mürbteig auslegen und 10 Minuten bei 175 Grad backen.
Die gewaschenen Aprikosen entkernen, nach Belieben in etwas Wasser kurz dünsten, abtropfen und abkühlen lassen und auf den vorgebackenen Mürbteig legen. Mit den gemahlenen Mandeln bestreuen. Eier mit Honig, Speisestärke, Lebkuchengewürz und Sahne gut verschlagen. Über die Aprikosen gießen und mit Mandelblättchen bestreuen. Die Torte bei 175 Grad weitere 30 Minuten backen, bis der Guß stockt.

Maria Hofbauer
Gaisenhausen 2, 84337 Schönau

Biskuitroulade mit Nußsahne

Teig:
5 Eier
125 g Honig
2 EL Wasser
130 g gemahlener Weizen oder Dinkel
1 Prise Backpulver

Füllung:
1 1/2 Becher Schlagsahne
1 EL Ahornsirup
150 g Rumrosinen
50 g gemahlene Haselnüsse

zum Bestreichen:
1 EL Honig
1 EL Wasser
25 g Haselnußblättchen

Eier mit Honig und dem lauwarmen Wasser schaumig schlagen. Mehl mit Backpulver vorsichtig unterziehen. Biskuitmasse auf ein mit Backpapier ausgelegtes Blech streichen und bei 200 Grad 8–10 Minuten backen.
Teigplatte auf ein feuchtes Küchentuch stürzen, Backpapier abziehen. Biskuit mit einem zweiten feuchten Tuch abdecken und zu einer Rolle aufrollen. Abkühlen lassen.
Für die Füllung Sahne nicht ganz steif schlagen, Ahornsirup zufügen und weiterschlagen. Die Rumrosinen und die Haselnüsse unter die Sahne heben. Biskuit vorsichtig aufrollen, die Füllung gleichmäßig darauf verteilen und wieder zusammenrollen. Honig mit Wasser verrühren, die Roulade damit bestreichen und mit den Haselnußblättchen bestreuen.

Sigrid Dannecker
Westendstraße 15, 94152 Neuhaus a. Inn

Buchweizen-Orangen-Kuchen

200 g Butter
150–200 g Zucker
3 Eier
1 Glas Rum
abgeriebene Schale einer unbehandelten Orange
Saft von 3–4 Orangen
150 g Buchweizenmehl
150 g Weizenvollkornmehl
2 TL Backpulver
Grieß und Fett für die Form
Puderzucker und Zitronensaft für den Guß

Butter mit Zucker, Eiern und Rum schaumig rühren. Abgeriebene Orangenschale und den Saft der Orangen zugeben. Mehl mit Backpulver vermischen und unterrühren. Eine Kastenform gut fetten und mit Grieß ausstreuen. Teig einfüllen und bei 180 Grad 50–60 Minuten backen. Nach 15 Minuten Backzeit Kuchen an der Oberfläche 1/2 cm tief in Längsrichtung einschneiden.
Aus Puderzucker und Zitronensaft einen Zuckerguß rühren und den Kuchen damit nach Belieben überziehen.

Christa Kröll
Untere Dorfstraße 10, 94533 Nindorf/Buchhofen

Buchweizenlaiberl

150 g Buchweizen
$^{3}/_{8}$ l Wasser
100 g Quark
2 Eier
2 Möhren
1 Stange Lauch (100 g)
100 g Käse, gerieben
1 EL Weizenvollkornmehl
1 EL Dill, gehackt
Kräutersalz, Majoran,
Pfeffer, Salz
Öl zum Backen

Buchweizen in Wasser etwa 15 Minuten weich kochen, erkalten lassen. Gemüse waschen und putzen, Karotten raspeln, Lauch in dünne Ringe schneiden. Den abgetropften Buchweizen mit Gemüse, Quark und Eiern vermengen. Käse, Mehl, Dill und die übrigen Gewürze zufügen. Die Masse gut vermengen, dann auf einer bemehlten Arbeitsfläche Laiberl formen und in wenig heißem Öl bei mäßiger Hitze auf beiden Seiten knusprig braten.

Vera Duschl
Kieflitz 68, 94551 Hunding

Bunte Obsttorte

75 g Butter
50 g brauner Zucker
3–4 Tropfen Vanillearoma
75 g Haferkleieflocken
75 g Weizenvollkornmehl
1 TL Backpulver
2 Eiweiß
1 Banane
3 Kiwi
1 Pfirsich oder anderes
Obst nach Belieben
1 P. klarer Tortenguß
1/4 l Fruchtsaft oder Wasser

Butter mit Zucker und Vanillearoma schaumig schlagen, Eiweiß unterrühren. Haferkleieflocken, Mehl und Backpulver unterheben. Teig in eine Springform füllen und bei 175 Grad etwa 20 Minuten backen. Den Tortenboden etwas abkühlen lassen. Anschließend mit den Bananen-, Kiwi- und Pfirsichscheiben bunt belegen. Tortenguß mit Fruchtsaft oder Wasser zubereiten, kurz abkühlen lassen und über die Obsttorte geben.

Silvia Pfeiffer
Waldschmidtstraße 5, 84503 Altötting

Dinkelsalat

300 g Dinkel
3 hartgekochte Eier
3 Gewürzgurken
3 Tomaten
1 Zwiebel
1 zerdrückte Knoblauchzehe
1 Becher Kräuterquark
1 Becher Hüttenkäse
1 TL Curry
etwas süße Sahne
Pfeffer, Salz, Essig, Öl

Dinkel über Nacht in Wasser einweichen. Wasser abgießen und den Dinkel in frischem Wasser ca. eine Stunde garen lassen. Wasser abgießen, Dinkel erkalten lassen. Eier und Gewürzgurken würfeln, Tomaten nach Belieben brühen, häuten und ebenfalls würfeln. Feingewürfelte Zwiebel mit den Eiern, den Gurken und den Tomaten unter den Dinkel mischen. Kräuterquark und Hüttenkäse miteinander verrühren, unter die Dinkelmasse mengen. Mit der zerdrückten Knoblauchzehe und den angegebenen Gewürzen pikant abschmecken.

Helene Ameres
Penzling 17, 94527 Aholming

Dinkelsemmeln mit Zwiebeln

350 g Dinkelmehl
100 g Grünkernmehl
1 TL Meersalz
1/4 TL Majoran, zerrieben
1/4 TL Liebstöckl, zerrieben
1 Ei
1 Würfel Hefe
1/4 l lauwarme Milch
200 g Zwiebeln, fein gewürfelt
30 g Butter
Pfeffer
1 Eigelb
2 EL Sahne oder Milch
Kümmel oder Sesam zum Bestreuen

Dinkel- und Grünkernmehl mischen, Salz und Gewürze zum Mehl geben. Hefe in lauwarmer Milch auflösen. Mehlmischung mit Ei, Hefe und Milch zu einem Hefeteig kneten. Zugedeckt etwa 30 Minuten ruhen lassen.
Die Zwiebeln fein würfeln und in der Butter glasig dünsten. Mit Pfeffer würzen und abkühlen lassen. Den Hefeteig nochmals durchkneten und dabei die Zwiebelwürfel einarbeiten. Teig auf einem Backbrett in 16–20 Stücke teilen und daraus Semmeln formen.
Auf einem mit Backpapier belegten Blech nochmals gehen lassen und die Oberfläche nach Belieben einschneiden. Eigelb mit Sahne oder Milch verquirlen und die Semmeln damit bestreichen. Mit Kümmel oder Sesam bestreuen und bei 200 Grad etwa 25 Minuten backen. Dabei ein mit Wasser gefülltes Gefäß auf den Backofenboden stellen.

Gisela Weinhändler
Waldstraße 5, Tabertshausen, 94527 Aholming

Gedeckter Nußkuchen

175 g Butter
200 g Roggenmehl
2 EL brauner Zucker
2 EL Rum
2 Eigelb

Fett für die Form

Füllung:
150 g brauner Zucker
Mark einer Vanilleschote
3 Eier
3 Eigelb
4 EL Vanillepuddingpulver
1 MSP Backpulver
175 g gemahlene Walnüsse oder
geröstete, geriebene Haselnüsse

Puderzucker zum Bestäuben

Butter mit dem Mehl zerbröseln, Zucker, Rum und Eigelb zugeben und alles zu einem Mürbteig verkneten. Teig etwa 30 Minuten kalt stellen, dann in zwei Hälften teilen und diese jeweils in Springformgröße ausrollen. Eine Teigplatte in eine gefettete Springform legen und einen Rand hochdrücken.
Zucker mit Vanillemark, Eigelb und ganzen Eiern schaumig schlagen. Puddingpulver, Backpulver und Nüsse unterziehen. Masse auf den Mürbteigboden füllen und mit der zweiten Teigplatte bedecken.
Bei 180 Grad etwa 1 Stunde backen. Kuchen nach dem Abkühlen mit Puderzucker bestäuben.

Marianne Siglmüller
Kellerweg 1, 94065 Waldkirchen

Gefüllte Vollkornsemmerl

300 g Weizenvollkornmehl
200 g Roggenvollkornmehl
1 Würfel frische Hefe (40 g)
ca. 1/4 l lauwarmes Wasser
2 TL Meersalz

Füllung:
100 g gekochter Schinken
50 g Emmentaler
1 EL fein gehackte Zwiebelwürfel
1 EL gehackte Petersilie
Mehl zum Ausrollen
1 Eigelb zum Bestreichen
Kümmel, Sesam, grobes Salz

Weizen- und Roggenmehl in eine Schüssel sieben, mischen und in die Mitte eine Vertiefung drücken. Die Hefe hineinbröckeln, mit etwas Wasser und wenig Mehl verrühren. Das Salz auf dem Mehlrand verteilen. Das Hefeteiglein mit Mehl bestäuben und mit einem Tuch zugedeckt etwa 15 Minuten gehen lassen. Mehl mit dem restlichen Wasser und dem Hefeteiglein zu einem glatten Teig verarbeiten. Zugedeckt noch einmal eine Stunde gehen lassen.
Für die Füllung Schinken und Käse würfeln und mit Petersilie und Zwiebeln mischen. Teig in zwei Hälften teilen, jede davon zu einer Rolle formen und aus jeder Rolle 7 gleich große Stücke abschneiden. Aus den Teigstücken mit bemehlten Händen gleich große Kugeln formen. Diese etwas ausrollen oder flachdrücken, mit einem Teelöffel etwas Fülle in die Mitte setzen und die Ränder über der Füllung zusammendrücken, so daß diese vollständig eingehüllt ist. Die gefüllten Teigstücke nochmals auf der Arbeitsfläche rund oder länglich nachformen. Nicht zu dicht auf ein bemehltes Backblech setzen und zugedeckt etwa 20 Minuten gehen lassen.
Danach die Vollkornsemmerl mit dem verquirlten Eigelb bestreichen und nach Geschmack mit Sesam, Kümmel oder grobem Salz bestreuen. Im vorgeheizten Backofen auf der mittleren Schiene bei 200 Grad etwa 25 Minuten goldbraun backen.

Anita Wimmer
Pfenningbacher Straße 22, 94127 Neuburg a. Inn

Gemüse-Hafer-Auflauf

2 Knoblauchzehen
2 mittelgroße Zwiebeln
2 EL Sojaöl
200 g Haferkörner (oder Naturreis)
$^3/_4$ l Gemüsebrühe
1 Blumenkohl (750 g)
3 kleine Zucchini
Salz
20 g Butter
1 gehäufter EL Mehl
$^1/_2$ l Milch
je $^1/_2$ Bund Petersilie, Schnittlauch, Thymian
weißer Pfeffer, geriebene Muskatnuß
Fett für die Form

Knoblauch und Zwiebeln schälen und fein würfeln. Öl erhitzen und beides darin andünsten. Hafer zugeben und kurz anrösten. Brühe zugießen, Hafer ca. 40 Minuten bei mittlerer Hitze garen.
Gemüse putzen und waschen. Blumenkohl in Röschen teilen und in kochendem Salzwasser ca. 15 Minuten garen. Zucchini in Scheiben schneiden und 5 Minuten mitgaren. Gemüse abtropfen lassen.
Butter erhitzen, Mehl kurz anschwitzen. Mit der Milch unter Rühren ablöschen und aufkochen lassen. Kräuter waschen, fein schneiden und zugeben. Mit Salz, Pfeffer und Muskatnuß abschmecken.
Hafer abtropfen lassen. Mit Gemüse in eine gefettete Auflaufform einschichten. Dabei jeweils etwas Soße auf den Schichten verteilen. Restliche Soße über den Auflauf gießen. Im vorgeheizten Backofen bei 200 Grad etwa 15 Minuten goldbraun überbacken.

Manuela Ebner
Birkenstraße 8, 94469 Deggendorf

Gerstenauflauf

300 g Sprießkorngerste
1/2-3/4 l Wasser
1 Zwiebel
2 Knoblauchzehen
2 kleine Zucchini
1 Aubergine
4 Tomaten
4 EL kaltgepreßtes Öl
Kräuter nach Belieben
Salz, frisch gemahlener weißer Pfeffer
2 EL Tomatenmark
3 Eier
1/4 l Sahne
100 g Magerquark
100 g geriebener Käse
Butter für die Form

Wasser zum Kochen bringen, die Gerstenkörner hineinschütten. Einmal aufkochen lassen, dann ohne Umrühren 12–15 Minuten bei niedriger Temperatur köcheln. Zugedeckt weitere 30 Minuten auf der heißen, abgeschalteten Herdplatte ausquellen lassen.
Zwiebel hacken, Knoblauchzehen zerdrücken. Zucchini und Aubergine in große Würfel schneiden. Tomaten überbrühen, häuten und achteln. Zwiebelwürfel in dem erhitzten Öl andünsten, Knoblauch und Gemüse zufügen. Würzen, Tomatenmark zugeben und das Gemüse bißfest garen. Eier mit Sahne und Quark gut verrühren, dann den Käse untermischen. Gerste und Gemüse abwechselnd in eine gefettete Auflaufform füllen. Die Eier-Quark-Masse locker darauf verteilen. Im vorgeheizten Backofen bei 190 Grad etwa 30 Minuten backen.

Therese Raith
Rosenau 25, 94269 Rinchnach

Getreidekeim-Pfanne

200 g Getreidekeime
3 mittelgroße Zwiebeln
1 Knoblauchzehe
1 Schuß Olivenöl
1 große gelbe Rübe
1 Paprikaschote, rot oder grün
3 Tomaten
ca. 150 g Erbsen, frisch oder tiefgekühlt
1 EL gekörnte Brühe
Salz, Pfeffer
Kräuter nach Belieben oder
getrocknete Kräuter der Provence
4 EL Rahm
150 g Emmentaler, klein gewürfelt

Getreidekeime unter fließendem Wasser gut abbrausen und abtropfen lassen. Zwiebeln in Ringe schneiden, die Knoblauchzehe mit Salz zerdrücken. Zwiebeln und Knoblauch in Olivenöl andünsten, nicht braun werden lassen. Die gelbe Rübe in dünne Stifte schneiden und etwa 5 Minuten bei mäßiger Hitze mitdünsten. Erbsen zugeben, Paprika entkernen und klein schneiden, Tomaten würfeln und ebenfalls in die Pfanne geben. Gekörnte Brühe darüberstreuen, gut durchrühren und ca. 5 Minuten weiterdünsten lassen.
Nach Geschmack würzen, Rahm und Getreidekeime zugeben und gut mit dem Gemüse vermischen. Den kleingewürfelten Käse darüberstreuen und die Pfanne zugedeckt nochmals 5 Minuten ziehen lassen.

Pia Steininger
Wingersdorf 11, 94136 Thyrnau

Grünkern-Gemüse-Eintopf

1 Zwiebel
30 g Butter
100 g Grünkern
1 l Gemüsebrühe
1 Lorbeerblatt
300 g Kartoffeln
200 g Möhren
1/2 Staude Sellerie
1 Stange Lauch
Salz, Zucker, Muskat
gehackte Petersilie
1 Becher Sahne

Zwiebel fein würfeln und in der heißen Butter andünsten. Grünkern zugeben, Brühe aufgießen und 15 Minuten mit dem Lorbeerblatt garen. Kartoffeln, Möhren und Sellerie waschen, putzen und klein schneiden. Das Gemüse in der Brühe 15 Minuten kochen lassen. Nach Belieben die Hälfte des Gemüses herausheben und pürieren, Gewürze und Sahne zugeben und den Eintopf noch einmal aufkochen lassen. Vor dem Servieren abschmecken und mit der gehackten Petersilie bestreuen.

Heidi Bernreiter
Sepp-Dötsch-Straße 19, 94227 Zwiesel

Grünkernpflanzerl

250 g Grünkern (grob gemahlen)
$^1/_2$ l Gemüsebrühe
50 g Hefeflocken
1 EL Butter
1 Karotte
1 Stange Lauch oder
50 g Erbsen
1 TL Kräutersalz
Pfeffer
1 TL Paprika
2 Knoblauchzehen (zerdrückt)
2 Eier
Semmelbrösel nach Bedarf
Fett zum Backen

Grünkern in der Gemüsebrühe 5 Minuten kochen, dabei ständig umrühren. 30 Minuten ausquellen lassen. Hefeflocken in der Pfanne rösten, bis sie duften. Karotte und Lauch putzen, waschen, klein schneiden und in der heißen Butter andünsten. Lauch kann durch Erbsen ausgetauscht werden. Gemüse mit Kräutersalz, Pfeffer, Paprika und den zerdrückten Knoblauchzehen würzen. Eier in die abgekühlte Grünkernmasse rühren. Gemüse untermischen, falls nötig, Semmelbrösel zugeben. Mit feuchten Händen Pflanzerl formen und im heißen Fett backen.

Maria Kühmeier
Wolfachweg 12, 94474 Vilshofen

Gerstenbraten

200 g Gerstenschrot
2 Eier
3 gekochte Eier
ca. 1/2 l Gemüsebrühe
200 g Lauch, in Ringe geschnitten
200 g Karotten, geraspelt
2 EL Weizenvollkornmehl
1/2 Bund frische Küchenkräuter, gehackt
Salz, Pfeffer
50 g Sesamkörner
Butter für die Form

Gemüsebrühe in einem Topf erhitzen. Gerste grob schroten und in die Brühe einlaufen lassen. Mit einem Schneebesen gut durchrühren, aufkochen und ausquellen lassen. Gemüse zufügen, mit Mehl abbinden und mit Kräutern, Salz und Pfeffer abschmecken. Die gekochten Eier pellen, Gerstenmasse zu einem Braten formen und die gekochten Eier in die Mitte geben, wie bei einem Hackbraten. Braten in Sesam wenden oder mit Sesamkörnern bestreuen. In einer Reine etwas Butter zerlassen, Gerstenbraten hineinsetzen und bei 175 Grad etwa eine Stunde backen. Vor dem Anschneiden etwas abkühlen lassen.

Fritz Otto
Oberhaus 125, 94034 Passau

Gerstenbraten ➛

Grünkernsalat

500 g Grünkern
ca. 1 l Gemüsebrühe
300 g Äpfel
200 g Essiggurken
200 g rote und grüne Paprika
150 g Zwiebeln
150 g Käse

Marinade:
200 g Quark
100 g Milch
70 g Sauerrahm
30 g Öl
2–3 Knoblauchzehen
Curry, Pfeffer, Kräutersalz

Grünkern in der kochenden Gemüsebrühe 30 Minuten garen, dann weitere 30 Minuten ohne Hitzezufuhr ziehen lassen. Überschüssige Brühe abgießen. Äpfel, Essiggurken, Paprika und Käse in kleine Würfel schneiden, Zwiebeln fein hacken und alles unter den Grünkern mengen.
Quark mit Milch, Sauerrahm und Öl gut verrühren und mit den zerdrückten Knoblauchzehen, Curry, Pfeffer und Kräutersalz würzen. Marinade mit dem Grünkernsalat mischen und gut durchziehen lassen.

Gudrun Sagberger
Birketweg 5, 94136 Kellberg

Haferflockensuppe

1 kleine Zwiebel, fein gewürfelt
1 EL Butter
100–150 g Vollkornhaferflocken
1 l Fleischbrühe oder Gemüsebrühe
1 Ei
2 EL frischgehackte Petersilie oder Schnittlauchröllchen

Butter in einem Topf erhitzen, Zwiebelwürfel darin hell anschwitzen. Haferflocken zugeben und etwas anrösten. Mit Fleisch- oder Gemüsebrühe aufgießen und aufkochen lassen. Ei verquirlen und unter die Suppe rühren. Sollte sie zu sämig geworden sein, mit weiterer Brühe verdünnen. Vor dem Servieren mit Schnittlauchröllchen oder frischgehackter Petersilie bestreuen.

Barbara Kriegl
Pirkinger Straße 5, 94104 Tittling

Haselnuß-Apfel-Kuchen

200 g Butter
200 g Zucker
5 Eier
200 g Dinkelmehl, fein gemahlen
3/4 P. Backpulver
10 g Zimt
100 g gemahlene Haselnüsse
1–2 grob geraspelte Äpfel

Butter, Zucker und Eier schaumig rühren. Dinkelmehl mit Backpulver und Zimt vermischen und unter die Schaummasse geben. Die gemahlenen Haselnüsse und die geriebenen Äpfel kurz unterrühren. Teig in eine gefettete und bemehlte Springform (Durchmesser 26 cm) füllen und bei 175–190 Grad etwa 45 Minuten backen.

Helga Kutschker
Edelweißstraße 26, 94526 Metten

Hirseauflauf

200 g Hirse
1 l Milch
1 Prise Salz
50 g Butter
3 EL Honig
2 Eigelb
2 Eiweiß
50 g Mandelsplitter
Obst nach Jahreszeit

Milch mit Salz erhitzen, Hirse einstreuen und einen steifen Hirsebrei kochen. Während der 30 Minuten Garzeit hin und wieder umrühren. Brei etwas abkühlen lassen, dann Butter, Honig und Eigelb einrühren. Das steifgeschlagene Eiweiß unterziehen. Die Masse in eine gefettete Auflaufform füllen und mit Obst nach Jahreszeit oder aus der Gefriertruhe belegen. Mit Mandelsplittern bestreuen. Bei 180 Grad etwa 40 Minuten backen.

Regina Breinbauer
Postgasse 5, 92637 Weiden

Hirsotto

1 Zwiebel
1 Knoblauchzehe
1 Stange Lauch
200 g Pilze (Shiitake)
2 Karotten
2 EL kaltgepreßtes Öl
150 g Hirse
350 ml Gemüsebrühe, Kräutermeersalz
frisch gemahlener weißer Pfeffer
1 EL Tamari
1/8 l saure Sahne
einige Zweige Koriander

Zwiebeln hacken, Knoblauchzehe zerdrücken. Die Lauchstange und die Pilze in feine Streifen schneiden, Karotten grob raspeln. Im heißen Öl Zwiebel, Lauch, Karotten und Knoblauch andünsten. Hirse unter kaltem Wasser abbrausen und zur Gemüsemischung geben. Mit der Brühe ablöschen, würzen und 20 Minuten köcheln lassen. 5–10 Minuten vor Ende der Kochzeit Pilze zugeben. Hirsotto nach Beendigung der Garzeit 10 Minuten ohne Hitze quellen lassen. Mit saurer Sahne verfeinern und mit Korianderblättchen garnieren.

Elke Zankl
Fritz-Eberle-Straße 14, 94491 Hengersberg

Katharinentorte

250 g Trockenpflaumen
3/8 l Rotwein
abgeriebene Schale einer Zitrone
100 g Butter
2 Eier
125 g Honig
1 P. Vanillinzucker
1 Prise Salz
100 g Weizenvollkornmehl
1 1/2 TL Backpulver
1 P. klarer Tortenguß
2 Becher Sahne
1 gehäufter TL Zimt
2 EL Ahornsirup
Kakao zum Bestäuben
gemahlene Haselnüsse zum Bestreuen

Trockenpflaumen mit Rotwein und abgeriebener Zitronenschale 5 Minuten erhitzen, dann über Nacht ziehen lassen. Butter mit Eiern, Honig, Vanillinzucker und Salz schaumig rühren. Mit Backpulver vermischtes Vollkornmehl unter die Schaummasse rühren. 3 EL Sahne untermengen. Teig in eine mit Backpapier ausgelegte Springform füllen und bei 175 Grad etwa 25 Minuten backen.
Mit dem abgetropften Pflaumensud (eventuell mit Rotwein auf 1/4 l ergänzen) und dem Tortengußpulver einen Guß bereiten. Eine dünne Schicht davon auf den erkalteten Tortenboden streichen. Tortenring oder Springformrand verwenden. Die etwas zerkleinerten Pflaumen auf dem Tortenboden verteilen und den restlichen Guß darübergeben. Pflaumen erkalten lassen. Restliche Sahne steif schlagen, mit Zimt und Ahornsirup abschmecken. Schlagsahne auf die Pflaumenschicht streichen und mit einem Löffel Vertiefungen eindrücken. Torte mit etwas Kakao bestäuben, den Rand mit gemahlenen Haselnüssen bestreuen.

Anni Ettenhofer
Obere Dorfstraße 36, Ottmaring, 94533 Buchhofen

Kaiserschmarrn

4 Eier, getrennt
1/4 l Milch
150 g Weizenvollkornmehl
1 gute Prise Salz
2 EL Sahne
1 EL Butter
Öl zum Backen
nach Belieben Rosinen

Eigelb mit Milch, Mehl, Salz und Sahne gut verrühren. Eischnee schlagen und unterheben. Nach Belieben Rosinen untermengen. In einer großen Bratpfanne Öl heiß werden lassen. Teig hineingießen und bei Mittelhitze am Boden hellbraun anbacken. Schmarrn wenden und die zweite Seite hellbraun backen, dann mit zwei Gabeln in kleine Stücke reißen. Butter zugeben, Deckel verschließen. Kaiserschmarrn bei schwacher Hitze noch ca. 10 Minuten durchbacken lassen. Pfanne dabei gelegentlich rütteln.

Maria Altmannshofer
Kirchberg, Waldstraße 7, 84307 Eggenfelden

Kürbiskerntorte

6 Eidotter
150–200 g Zucker
150 g Nüsse, gemahlen
150 g Kürbiskerne, gemahlen
6 Eiklar
200 g Äpfel, fein geschnitten oder geraspelt
50 g Mehl
3 EL Rum
50 g Brösel
Puderzucker zum Bestäuben
geröstete Kürbiskerne zum Belegen

Eidotter mit 100 g Zucker schaumig rühren, dann die Nüsse unterziehen. Eiklar mit dem restlichen Zucker steif schlagen, dann die Kürbiskerne unterheben. Beide Teigmassen vorsichig miteinander vermischen. Äpfel unterheben, ebenso die mit Rum getränkten Brösel. Mehl vorsichig unterziehen.
Boden einer Springform mit Backpapier auslegen, Teig einfüllen und bei 180 Grad etwa 50 Minuten backen. Erkaltet mit Puderzucker bestäuben und mit gerösteten Kürbiskernen belegen.

Gertraud Gartmeier
Schönbichlerstraße 8, 84571 Reischach

Linsensuppe

250 g braune Linsen
$^{1}/_{2}$ l roten Traubensaft
1 große Zwiebel, gehackt
30 g Butter
1 Stange Lauch, in Ringe geschnitten
1 Mohrrübe, fein gestiftelt
$^{1}/_{2}$ l Gemüsebrühe
Pfeffer, Salz, Piment
1 Lorbeerblatt
2 EL frischgehackte Petersilie
getrocknete Pflaumen (nach Belieben)

Linsen über Nacht in Traubensaft einweichen. Am nächsten Tag die Zwiebelwürfel in der heißen Butter kurz andünsten, Lauchringe und die gestiftelte Mohrrübe zufügen. Gemüsebrühe aufgießen, die Linsen mit dem Traubensaft zufügen und alles zum Kochen bringen. Mit Pfeffer, Salz, Piment und Lorbeerblatt würzen. Suppe 45 Minuten kochen lassen, dann frische Petersilie zufügen. Nach Belieben einige getrocknete Pflaumen in die Suppe geben.

Dagmar Toews
Leonhard-Paminger-Straße 23, 94032 Passau

Apfel-Topfen-Bratling

250 g Topfen, mager
120 g Vollkorn-Haferflocken
2 Eier
Milch nach Bedarf
1 Prise Salz
1 EL Zucker
2–3 Äpfel, grob geraspelt
etwas Zitronensaft
Fett zum Backen

Eier mit Topfen, Salz, Zucker und Milch nach Bedarf verrühren. Haferflocken untermengen. Die geraspelten Äpfel mit Zitrone beträufeln, in den Teig mengen. In einer Pfanne Fett vorsichtig erhitzen, dann kleine Häufchen der Apfel-Topfen-Masse hineinsetzen. Bratlinge etwas glattstreichen und beidseitig hell braten.

Anna Six
Gartenstraße 80 a, 84359 Simbach am Inn

Milchsemmerl

1 kg fein gemahlenes Weizenvollkornmehl oder Dinkelmehl
40 g Hefe
50–100 g Butter
100 g Trockenfrüchte, eingeweicht und zerkleinert
1/2 l Milch
100 g geschnittene Nüsse
Salz, Fenchel, Anis

Aus Mehl, Hefe, Butter und Milch einen mittelfesten Hefeteig herstellen. Zugedeckt gut gehen lassen (über Nacht). Gewürze mahlen und mit den klein geschnittenen Trockenfrüchten unter den Teig geben. Hefeteig in Stücke teilen, daraus Semmerl drehen. Diese nach Belieben an der Oberfläche einschneiden und mit Gewürzen bestreuen. Auf ein mit Backpapier belegtes Blech setzen und noch einmal gehen lassen. Vor dem Backen mit Wasser bestreichen, dann 20 Minuten bei 200 Grad backen. Nochmals mit Wasser bepinseln.

Hildegard Priester
Hauptstraße 3, 94127 Neuburg/Inn

Müsliriegel

125 g Haselnüsse, gemahlen
125 g Mandeln, gehackt
300 g Trockenfrüchte
(Aprikosen, Backpflaumen, Sultaninen, Feigen)
je ½ TL Zimt, Ingwer, Nelken, Muskat
100 g Vollkornhaferflocken
75 g Weizenvollkornmehl
2 Eier
50 g Rohrzucker
125 g Honig

Eier mit Zucker cremig rühren, Honig unterrühren. Alle übrigen Zutaten gut vermischt unterheben. Backblech mit Backpapier auslegen, Masse darauf verteilen. Teig am besten mit Klarsichtfolie abdecken zum besseren Ausrollen und Verteilen, da der Teig sehr zäh ist. Die Teigschicht sollte 1,5 bis 2 cm dick sein.
Bei 180 Grad etwa 25–30 Minuten backen. Abgekühlt in rechteckige Riegel schneiden.

Tip der Einsenderin: In Alufolie einzeln verpackt sind die Müsliriegel lange haltbar als Energieriegel für unterwegs.

Maria Zöls
Bergerstraße 32, 94060 Pocking

Ritas schnelle Fladen

500 g Vollkornmehl (nur Weizen oder ein Gemisch)
Gewürze nach Belieben
(Kümmel, Koriander, Anis, gleich mit dem Getreide vermahlen)
1 TL Meersalz
1–2 EL Olivenöl
40 g Hefe
ca. 250 ml lauwarmes Wasser
1 TL Honig

Zum Belegen:
Olivenöl, Knoblauchstückchen, Crème fraîche, geriebener Käse, kleine Salamischeiben, Zwiebelringe, Kümmel, Anis, Koriander, Salz, Paprika nach Belieben

Vollkornmehl mit den vermahlenen Gewürzen in eine Schüssel geben, mit Meersalz würzen. Hefe im lauwarmen Wasser auflösen und mit Honig und Olivenöl zum Mehl geben. Einen Hefeteig herstellen und gut gehen lassen. Teig nochmals durchkneten, dann kleine Bällchen abstechen und diese zu Fladen auswellen. Fladen nach Belieben mit den angegebenen Zutaten belegen. Als Grundlage mit Olivenöl oder mit einer Mischung aus Crème fraîche und Olivenöl bestreichen. Die Fladen bei etwa 200 Grad 20–25 Minuten backen. Dabei ein Wassergefäß auf den Herdboden stellen.

Rita Müller
Überreiterstraße 19, 84547 Emmerting

Rohrnudeln mit Fruchtfüllung

500 g Weizenvollkornmehl
1 Würfel Frischhefe
1/4 l lauwarme Milch
2 TL Honig
2 Eier
150 g Butter

Füllung:
150 g getrocknete Aprikosen
150 g getrocknete Pflaumen
1 EL Marillenlikör
1 EL Rum
2 EL Apfelsaft

Die Früchte in Würfel schneiden, die Aprikosen mit Marillenlikör und 1 EL Apfelsaft, die Pflaumen mit Rum und 1 EL Apfelsaft ansetzen. Aus den angegebenen Zutaten einen Hefeteig herstellen und gehen lassen. Aus dem Teig 12 Kugeln formen, die Hälfte mit Aprikosenmasse füllen, die andere mit Pflaumenmasse. Die Teigkugeln in eine gefettete Springform setzen und 30 Minuten gehen lassen. Bei 200 Grad 40 Minuten backen.

Ella Reitberger
Gartenweg 1, 94142 Fürsteneck

Schokoladencreme

1/4 l Milch
1/4 l Wasser
100 g Vollkornmehl
1 EL Kakao
2–3 EL Honig
1 Becher Sahne
1 EL Rum

Milch mit Wasser in einem Topf erwärmen. Mehl mit Kakao mischen und mit dem Schneebesen kräftig in die erhitzte Flüssigkeit rühren. Eine Minute kochen, dann abkühlen lassen und dabei öfters umrühren. Vor dem Erkalten Honig und Rum sowie die geschlagene Sahne unterziehen. Schokoladencreme in Glasschälchen füllen und mit etwas Sahne garnieren.

B. Reichert
Max-Fellermeier-Straße 7, 84524 Neuötting

Sechskornbrot

600 g Sechskorn-Getreidemischung
(Weizen, Gerste, Roggen, Hafer, Hirse, Buchweizen)
400 g Roggenvollkornmehl
300 g Weizenvollkornmehl
40 g Hefe
1 TL Honig
etwa 350 ml lauwarmes Wasser
3 TL Meersalz
2 TL gemahlener Koriander
1 TL Kümmel
150 g Natursauerteig
80–100 g Haferflocken

Sechskornmischung mit Wasser bedecken und 10 Stunden quellen lassen. Roggen- und Weizenvollkornmehl vermischen, in die Mitte eine Mulde drücken, Hefe hineinbröckeln. Honig und 100 ml Wasser zufügen, mit Hefe und Mehl zu einem Vorteiglein verrühren. An einem warmen Ort 30 Minuten gehen lassen.
Gequollene Körner abbrausen und abtropfen lassen, zur Mehlmischung geben. Sauerteig und Wasser nach Bedarf zugeben. Teigzutaten gut miteinander verkneten, dann 2 Stunden gehen lassen. Den Teig halbieren und jede Hälfte zu einem runden Laib formen. Mit Wasser bestreichen, mit Haferflocken bestreuen, diese etwas andrücken.
Im vorgeheizten Ofen bei 200 Grad 1 1/2–2 Stunden backen. Das Brot ist durchgebacken, wenn es hohl klingt, wenn man mit den Fingerknöcheln an die Unterseite des Laibes klopft.

Heidi und Jürgen Augenstein
Franz-Xaver-Würf-Straße 1, 94491 Hengersberg

Sentas Käsestangen

150 g Butter
1 kleines Ei
3–4 EL Sauerrahm
1 Prise Salz, Pfeffer
50 g Hirse, fein gemahlen
150 g Dinkel, frisch gemahlen
100 g Weizenmehl, Type 405
150 g Gouda oder Emmentaler, gerieben
1 Ei zum Bestreichen
Kümmel zum Bestreuen

Butter mit Ei schaumig rühren, Sauerrahm, Salz und Pfeffer sowie die gemahlene Hirse zugeben. Mit Weizenvollkornmehl, Dinkelmehl und dem geriebenen Käse zu einem geschmeidigen Teig verkneten. Nach einer Ruhezeit von 30 Minuten den Teig 4 mm dick zu einem Rechteck ausrollen. Mit einem Teigrädchen ca. 1 cm breite und 20 cm lange Streifen schneiden. Jeweils zwei Streifen spiralförmig umeinanderdrehen. Auf ein gefettetes Backblech legen und mit verquirltem Eigelb bestreichen, mit Kümmel bestreuen. Bei 200 Grad ca. 12 Minuten backen.

Senta Sicklinger
Kaiser-Leopold-Straße 17, 94136 Thyrnau

Spanischer Nußkranz

250 g Butter
250 g Honig
4 Eier
1 MSP Vollmeersalz
Schale einer unbehandelten Zitrone
250 g Haselnüsse, gemahlen
$^1/_4$ l Milch
400 g Weizenvollkornmehl
2 TL Backpulver

Fett und Brösel für die Form

Guß:
$^1/_{16}$ l Rum
$^1/_{16}$ l Wasser
50 g Honig

Butter mit Honig und Eiern schaumig rühren, Salz und Zitronenschale zugeben. Haselnüsse mit Milch unterrühren. Mehl mit Backpulver mischen und unterziehen. Teig in eine gefettete, gebröselte Kranzform füllen.
Bei 175 Grad auf der untersten Schiene etwa 1 Stunde backen. Kuchen etwas in der Form abkühlen lassen und stürzen.
Für den Guß Rum, Wasser und Honig gut verrühren und gleichmäßig über den warmen Kuchen gießen.

Hermine Prielmeier
Zaunsöderweg 1, 84367 Tann

Torte aus dem Bauerngarten

Quark-Ölteig:
75 g Magerquark
1 kleines Ei
2 EL Milch
2 EL Sonnenblumenöl
1 gestrichener TL Salz
125 g Weizenmehl, Type 405
125 g Dinkelvollkornmehl
2 TL Backpulver
2 EL Sonnenblumenkerne
2 EL Sesam
2 EL Leinsamen
2 EL frische Kräuter, gehackt

Füllung:
350 g hellgeräuchertes Wammerl
1 Zwiebel
20 g Butter
300 g Weißkraut
150 g gelbe Rüben
100 g Lauch
150 g geriebener Käse
frisch gehackte Kräuter
200 g Sauerrahm
150 g Naturjoghurt
1 Ei
Salz, Pfeffer, Muskat

Quark mit Ei, Milch und Sonnenblumenöl verrühren. Mehl mit Salz und Backpulver mischen und in die Quarkmasse kneten. Teig mit Sonnenblumenkernen, Sesam, Leinsamen und den frischen Kräutern verfeinern. Teig gut durchkneten, zwei Drittel davon ausrollen und eine Springform (auch den Rand) damit belegen. Aus dem restlichen Teig mit einem Teigrädchen Streifen für ein Gitter schneiden.
Zwiebel und Wammerl würfeln, in der Butter andünsten. Weißkraut, gelbe Rüben und Lauch klein schneiden und mit dem Wammerl dünsten. 100 g Käse zugeben, mit Kräutern, Salz, Pfeffer und Muskat abschmecken. Die Masse in die mit Teig ausgelegte Springform füllen. Sauerrahm mit Joghurt und Ei verquirlen, mit Salz und Pfeffer abschmecken. Soße über die Gemüsemasse in die Springform gießen. Die Torte mit Gitterstreifen aus dem restlichen Teig belegen und bei 180 Grad etwa 50 Minuten backen.
10 Minuten vor Ende der Backzeit mit dem restlichen Käse bestreuen, vor dem Servieren mit frisch gehackten Kräutern garnieren.

Manuela Baumgartner
Schwertling 23, 84364 Bad Birnbach

Vegetarische Reispfanne

300 g Vollkornreis
Salzwasser nach Bedarf
1 EL Butter
1 Stange Lauch
2–3 frische Champignons
1 Karotte
Salz, Pfeffer, Kräutersalz
gehackte Petersilie
3 EL geriebener Emmentaler

Den Vollkornreis in der doppelten Menge Salzwasser kernig weich kochen. Es darf noch etwas Flüssigkeit im Topf sein. Inzwischen das Gemüse putzen, den Lauch in Ringe, die Karotte in Streifen und die Champignons in Scheiben schneiden. Sobald der Reis fast gar ist, das Gemüse in Butter andünsten und würzen. Den Reis mit der restlichen Flüssigkeit über das Gemüse geben und im geschlossenen Topf 5 Minuten ziehen lassen. Die Reispfanne abschmecken und mit Petersilie und Käse verfeinern.

Anita Schleicher
Bachstraße 4, 94166 Stubenberg

Vegetarische Wurst

180 g Grünkern
20 g Trockenpilze
1/2 l Wasser
1 Lorbeerblatt
1 Prise weißer Pfeffer
1/2 TL Kräutersalz
1 Zwiebel
2 Nelken
1/2 TL Thymian
3 EL Nußöl

Grünkern und Pilze in einem Topf mit Wasser zusetzen. Mit Lorbeerblatt, Pfeffer und Kräutersalz würzen. Die Zwiebel schälen und mit den Nelken spicken, in den Topf geben. Alles ca. eine Stunde kochen lassen, bis der Grünkern weich ist. Die gespickte Zwiebel und das Lorbeerblatt entfernen. Die restlichen Zutaten mit dem Thymian und dem Nußöl im Mixer pürieren. Die Paste in Gläser füllen, verschließen und kühl lagern.

Silvia Flierl
Bräugasse 8, 94032 Passau

Vollkorn-Bienenstich

Hefeteig:
500 g frischgemahlener
Weizen oder Dinkel
1 Prise Salz
lauwarme Milch nach Bedarf
1 Würfel Hefe
60 g zerlassene,
abgekühlte Butter
60 g Rohrzucker
oder Honig
1–2 Eier

Belag:
200 g gehobelte Mandeln
180 g Rohrzucker oder Honig
100 g Butter
5–6 EL Milch

Füllung:
1 P. Vanillepuddingpulver
$^{1}/_{2}$ l Milch
4–6 EL Rohrzucker
4 Blatt Gelatine
$^{1}/_{2}$ l Sahne

Gelatine in etwas Wasser einweichen, erhitzen und auflösen. Pudding nach den Angaben auf der Packung kochen, etwas abkühlen lassen und die Gelatine einrühren. Mehl in eine Schüssel geben, in die Mitte eine Mulde drücken, die Hefe hineinbröckeln. Mit etwas lauwarmer Milch, Zucker und etwas Mehl gut verrühren. An einem warmen Ort zugedeckt eine Viertelstunde gehen lassen. Anschließend die restlichen Teigzutaten gut unterkneten, bis sich der Teig vom Rand der Schüssel löst. Zugedeckt gehen lassen, bis sich der Teig etwa verdoppelt.
Für den Belag Butter und Milch zum Kochen bringen, Mandeln und Zucker zugeben und so lange leise kochen lassen, bis die Milch aufgesogen ist. Die Masse abkühlen lassen.
Den gegangenen Hefeteig auf einem gefetteten oder mit Backpapier belegten Blech auswellen und den Belag gleichmäßig darauf verteilen. Nochmals 10 Minuten gehen lassen. Im nicht vorgeheizten Backofen bei 200 Grad 25 Minuten backen.
Den ausgekühlten Kuchen in Stücke schneiden, diese einzeln in der Mitte durchschneiden und die untere Hälfte wieder auf das Blech legen. Die oberen Hälften geordnet auf die Arbeitsfläche beiseite legen. Sahne steif schlagen, den Pudding eßlöffelweise unterrühren. Nach Belieben nachsüßen und die Creme auf die unteren Hälften des Kuchens streichen. Die oberen Teile daraufsetzen. Bienenstich noch etwas durchziehen lassen. Messer in kaltes Wasser tauchen und Kuchenstücke (Füllung) noch einmal nachschneiden.

Anita Schleicher
Bachstraße 4, 94166 Stubenberg

Vollkornbrot

450 g Weizenvollkornmehl
225 g Weizenmehl
1 Würfel Hefe
Wasser nach Bedarf
1 TL Zucker
2–3 TL Salz
2 EL Sesamkörner
2 EL Leinsamen
2 EL Sonnenblumenkerne
2 EL Haselnüsse, gemahlen
Fett für die Form

Hefe und Zucker im lauwarmen Wasser auflösen. Mehl, Salz und restliche Teigzutaten vermengen, die aufgelöste Hefe zugeben und alles zu einem lockeren Teig verkneten. Wasser nach Bedarf zugeben. Teig etwa 1 Stunde an einem warmen Ort gehen lassen, dann nochmals locker durchkneten. Hefeteig in gefettete Kasten- oder Brotformen füllen. Bei 200 Grad etwa 1 Stunde backen.

Angelika Dietz
Pillhammer Straße 16, 94099 Ruhstorf/Rott

Weißkrautrouladen mit Buchweizenfülle

1 Kopf Weißkraut
150 g Buchweizen
$^1/_2$-$^3/_4$ l Gemüsebrühe
1 Lorbeerblatt
Salz, Pfeffer, Muskat
1 Zwiebel, gewürfelt
1 EL Butter
4 EL geriebener Käse
1 Ei
2 EL Vollkornsemmelbrösel
4 Tomaten
Fett zum Braten
etwas Rahm oder Sauerrahm nach Belieben

Weißkraut putzen, Strunk entfernen und die Blätter in Salzwasser kurz vorgaren. Für 4–6 Rouladen Kohlblätter ausbreiten und abkühlen lassen.
Zwiebelwürfel in einem Topf in Butter kurz glasig anrösten, dann Buchweizen zugeben und mit Gemüsebrühe aufgießen. Mit Lorbeerblatt, Salz und Pfeffer ca. 30 Minuten garen lassen. Anschließend das Lorbeerblatt herausnehmen und die Gemüsebrühe abgießen und auffangen. Buchweizen abtropfen lassen, dann mit Käse, Ei und Vollkornbröseln vermischen. Mit Salz, Pfeffer und Muskat abschmecken und die Masse auf die Weißkrautblätter verteilen. Krautblätter fest zusammenrollen und mit Garn umwickeln. Die Rouladen in heißem Fett von allen Seiten knusprig anbraten, dann mit etwas Gemüsebrühe aufgießen und ca. 30 Minuten bei geschlossenem Deckel schmoren lassen.
Kurz vor Ende der Garzeit die gehäuteten, geviertelten Tomaten zugeben. Soße abschmecken und nach Belieben mit etwas Sauerrahm oder Rahm ergänzen.

Marianne Sonladerer
Vorreiterweg 10, 94152 Vornbach/Inn

Weizengemüse

200 g Weizenkörner
$^1/_2$ TL Sojasoße
2 Zwiebeln, fein gewürfelt
250 g Möhren
250 g Salatgurken
250 g Lauch
$^1/_2$ l Gemüsebrühe
Salz, Pfeffer
1 Knoblauchzehe

Weizenkörner in $^1/_2$ l Wasser über Nacht einweichen, dann in einem Sieb gründlich abspülen. In der Gemüsebrühe aufkochen und zugedeckt bei schwacher Hitze ausquellen lassen. Gemüse putzen, Lauch in feine Ringe schneiden, Möhren und Salatgurken in 1 cm große Würfel schneiden. Butter zerlassen, Zwiebeln anrösten, Weizen und Möhrenwürfel zufügen. Mit Sojasoße, Salz und Pfeffer würzen und zugedeckt 10 Minuten dünsten. Lauch und Gurkenwürfel zufügen, noch 5 Minuten weiterdünsten, abschmecken.

Edeltraud Geier
Trasham 20, 94161 Ruderting

Weizentoastbrot

500 g Weizen, fein gemahlen
$^1/_4$ l Milch
1 Ei
1 EL Honig
10 g Salz
40 g Hefe
50 g Butter
Milch zum Bestreichen

Milch mit Ei, Honig, Salz und der zerbröckelten Hefe verrühren. Weiche Butter und Vollkornmehl zugeben, Teig kräftig kneten. Der Teig soll elastisch, aber nicht zu weich sein. Zugedeckt etwa 30 Minuten gehen lassen, dann nochmals gut durchkneten und in eine mit Backpapier ausgelegte oder gefettete Kastenform füllen. Zugedeckt nochmals 20 Minuten gehen lassen. Auf der untersten Einschubhöhe erst 15–20 Minuten bei 200 Grad, dann 25–30 Minuten bei 180 Grad backen.

Anneliese Kagerer
Stadl 3, 84337 Schönau

Zucchini-Apfelbrot

300 g Zucchini
1 mittelgroßer Apfel
150 g Weizenmehl
150 g Weizenvollkornmehl
3 TL Backpulver
5 Eier
$^{1}/_{10}$ l Olivenöl
1 TL Salz
150 g Emmentaler, frisch gerieben
50 g geschälte Kürbiskerne
Fett für die Form

Zucchini und Apfel waschen, abtrocknen und grob raspeln. Mehl mit Backpulver vermischen, mit Eiern und Öl zu einem Teig verarbeiten. Käse und Salz zufügen, Zucchini und Apfelraspeln unterarbeiten. Die Kürbiskerne zuletzt einarbeiten.
Teig in eine Kastenform (30 cm Länge) einfüllen und bei 200 Grad etwa 40–50 Minuten backen. Backrohr danach auf 180 Grad zurückschalten und weitere 20 Minuten fertigbacken.

Regina Schanzer
Holzbach 4, 94081 Fürstenzell

2. Auflage

IRMI HOFMANN

Lieblingsplätzerl

Leckerl aus Ostbayern
Kekserl aus Oberösterreich

Format 17 × 24 cm, Pappband, 184 Seiten,
8 Farbabbildungen, über 200 Rezepte

DM 19,80

Ob nun Plätzerl, Leckerl oder Kekserl, sie sind der Stolz jeder Hausfrau.
Sie haben die Wahl zwischen Lebkuchen, Stollen, Früchtebrot, Makronen, Konfekt, Vollkorngebäck oder „Schnellen Schnitten“! Aber auch besonders feine Leckereien, die jedem auf der Zunge zergehen, bieten sich zum Ausprobieren und Nachmachen an, wie Mohnkugeln, Walnußkonfekt, Innviertler Mostkeks, Kürbiskernkipferl, Fidelios, Champagner-Plätzchen, Springerle und Geleekrapferl.

ISBN 3-924484-45-7